"मुस्लिम विधि के अन्तर्गत विवाह एवं विशेष सन्दर्भ : तीन तलाक"

शोध प्रबंध :-

ज़ीशान आलम एडवोकेट

बी.ए, एल.एल.बी, एल.एल.एम

1

विषय-सूची

परिचय

1. **मुस्लिम विधि का उद्भूत–** मुस्लिम विधि देवत्व से अपने उद्भूत का दावा करती है। जैसा कि विल्सन द्वारा कहा गया है–''मुस्लिम विधिक प्रणाली अन्य आधुनिक प्रणाली से भिन्न है और इस तरह यह एकल मानवीय कार्य के मध्यम से अपने अन्तिम रूप में प्रचारित इसके एकमात्र स्त्रोत दैवीय इच्छा को धारण करने के लिए तात्पर्यित है। ''रहीम ने इसे अत्यधिक अचित रूप से परिभाषित किया है,'' विधि (हुकुम) वह है, जो मनुष्यों के कार्यों के सन्दर्भ में ईश्वर से संसूचना (खिताब) द्वारा स्थापित है, जो या मांग को अभिव्यक्त करने वाला है या उसकी ओर से उदासीनता है या केवल घोषणात्मक है।''

इस प्रकार, मुस्लिम विधि का मुख्य स्त्रोत दैवीय ज्ञान है, जो दो प्रकार है–अभिव्यक्त और विवक्षित। कुरान ऐसे अभिव्यक्त प्रकटन द्वारा चित है, जो ईश्वर के शब्दों में मोहम्मद के समक्ष किया गया था, जब उन्हें पैगम्बर और ईश्वर के दूत का पद प्रदान किया गया था।

यह ईश्वर द्वारा पैगम्बर को सम्बोधित संसूचनाओं की श्रृंखला के रूप में है। संसूचना पैगम्बर के जीवन के अन्तिम 23 वर्षों में कई विभिन्न अवसरों पर लोगों को सम्बोधित की गयी थी। यह विषयों की भिन्नता से सम्बन्धित है और इसका अत्यल्प भाग विधि के क्षेत्र में आता है। विधि निर्मित करने वाली आयतें लगभग संख्या में 200 हैं और पवित्र पुस्तक के

विभिन्न भागों में बिखरी हुई है। आयतों में से, जो विधि के नियमों को समाविष्ट करती हे, कुछ आक्षेपणीय प्रथाओं जैसे–शिशु वध, द्यूत, सूदखोरी और असीमित बहू विवाह इत्यादि को समाप्त करने की ईप्सा करती है। कुछ महिला उत्तराधिकार और वारिस के मामलों में सुधार करने की ईप्सा करती हैं जबकि कुछ दण्ड अधिकथित करती हैं। इसमें सामान्य व्यादेश भी आन्तर्विष्ट हैं।

जिस तरह कुरान मौहम्मद के माध्यम से अभिव्यक्त प्रकटन है, उसी तरह अहदीस और सुन्ना पैगम्बर के शिक्षाओं और कथनों तथा कार्यों में विवक्षित प्रकटन है, जो उनके जीवनकाल में नहीं लिखा गया था बल्कि परम्पराओं द्वारा संरक्षित किया गया था और प्राधिकृत अभिकर्ताओं द्वारा लिखा गया था। सुन्ना का तापर्य है कि ''जिसे पैगम्बर ने किया था, जबकि अहदीस का तात्पर्य है ''उन्होंने क्या कहा था''।

(i)   सुन्नत–उल–कुल–पैगम्बर के सभी शब्द, परामर्श और उपदेश।

(ii)   सुन्नत–उल–फेल–उनका कार्य, शब्द और दैनिक प्रसाा।

(iii) सुन्ना–उल–तकरीर–युक्ति को विवक्षित करते हुए उनकी शान्ति, जिसका अनुमोदन उनकी उपस्थिति में किया गया है।

2.   मुस्लिम न्यायशास्त्र या इस्लामिक विधि के स्त्रोत – चार स्त्रोत है, अर्थात्–

(i)   कुरानः

(ii)   सुन्नाः

(iii) इज्माः

(iv)   कयासः

(i)   **कुरान–** कुरान का संकलन पैगम्बर की मृत्यु के पश्चात उस्मान तृतीय खलीफा के कथन से संकलित किया गया था। इस पवित्र पुस्तक की दैवीय उत्पत्ति है। इसे पैगम्बर के समक्ष गैब्रियल द्वारा प्रकट किया गया था। कुरान में 114 अध्याय है जिसमें कुल 6237 आयते है और जिसमें से 200 आयते कानून से सम्बन्धित है। कुरान अलफुरकान अर्थात किसी का मिथ्या से सत्य और गलत से सही दर्शित करना। उसमें लगभग 80 आयातें है, जो कमोबेश व्यक्तिगत प्रास्थिति की विधि से सम्बन्धित है। उनमें से अधिकतर उत्तराधिकार, विवाह, विवाह–विच्छेद और ऐसे समान मामलों से सम्बन्धित है।

(ii) **सुन्ना या परम्परा–** शब्द ''सुन्ना'' का तात्पर्य बहुगत पक्ष से है। यह किसी प्रकार की प्रथा और पूर्व निर्णय को निर्दिष्ट करता है। प्रथमतः यह शब्द अरबी के प्रारम्भिक रूढि और प्रथा में लागू किया गया था किन्तु बाद में इसका तात्पर्य पैगम्बर की प्रथा और पूर्व निर्णय से है। सिद्धान्त, जो कुरान में पाये जाते हैं पैगम्बर के हाथों से प्रवर्तित किये गये थे। इसने पैगम्बर की हदीस (प्रथा) को जन्म दिया था। विधि के स्त्रोत के रूप में हदीस कुरान के सिद्धान्त के रूप में बाध्यकर है। हदीस की संख्या अत्यधिक है। कुरान और सुन्ना इस्लामिक विधि के मूल को निर्मित कर सकता है।

(iii) **इज्मा–** मुस्लिमों को उस सिद्धान्त पर कार्य करना चाहिए, जिसे किसी पीढी के अत्यधिक विधिक शाखाओं के बीच करार द्वारा साबित किये गये है। इसका समर्थन हनफी सिद्धान्त द्वारा किया गया था कि विधि के प्रावधानों को समय के परिवर्तन के

साथ परिवर्तित होना चाहिए और मालिकियों द्वारा कि नये तथ्य नये विनिश्चयों की अपेक्षा करते हैं, इज्मा की विधिमान्यता पैगम्बर के हदीस पर आधारित है, जो अधिकथित करता है कि ईश्वर त्रुटि पर सहमत होने के लिए अपने लोगों को अनुज्ञा नहीं देगा। इस प्रकार इज्मा विधि का स्त्रोत हो गया था। इज्मा सुन्नी विधि के सभी शाखाओं की विशेषता थी और इज्मा द्वारा निगमित नियम समान रूप से प्रत्येक शाखा में विधिमान्य और आबद्धकर है। इज्मा का तात्पर्य महान विद्वानों द्वारा साम्प्रदायिक विधायन के प्रकार से है। एक बार स्थापित इज्मा को प्रतिस्थापित नहीं किया जा सकता।

(iv) **कयास–** यह इस्लामिक विधि का अन्तिम स्त्रोत है। इसमें कुछ पाठ को लागू करना शामिल है, यदि मामले को उसमें अन्तर्निहित सिद्धान्त के कारण शासित किया जाना प्रदर्शित किया जा सकता है, यद्यपि भाषा लागू नहीं हो सकती। यह समानता द्वारा तर्क है। मुस्लिम राष्ट्रमण्डल के विस्तार के साथ यह पाया गया था कि विधि के उक्त तीनों स्त्रोत सम्पूर्ण संहिता के निर्माण के लिए पूर्ण सामग्री प्रदान नहीं कर सकते थे ओर न कि वे उत्सुक न्यायविदों के परिवर्तित होने वाले विचारों और परिकल्पी शक्तियों के अनुरूप हो सकता था। यह अत्यावश्यकता न्यायविदों को अपने विवेकाधिकार और मामलों में तर्क अन्तर्ग्रस्त नहीं करता बल्कि कुछ पाठ पर अनुज्ञेय अत्यावश्यकता का प्रकार है। कयास को शियाओं, साफइयों और अहमद इब्न हौबल शाखा द्वारा स्वीकार नहीं किया गया था।

मुस्लिम–विधि के अन्तर्गत कहा जा सकता है कि मुस्लिम विधि एक वैयक्तिक विधि है अर्थात् ऐसी विधि जो केवल एक विशेष प्रकार के लोगों पर लागू होती है न कि किसी विशेष क्षेत्र के सब निवासियों पर मुस्लिम विधि का अनुप्रयोग उन लोगों पर होता है जो या तो (क) जन्म से या (ख) धर्म परिवर्तन द्वारा इस्लाम धर्म मानते हैं। (अब्राहम बनाम अब्राहम) इसलिए तलाक के सिद्धान्त का वर्णन से पूर्व मुस्लिम विवाह तथा मुसलमान कौन है? के बारे में संक्षेप जानकारी प्राप्त कर लेनी चाहिऐ जिससे मुस्लिम विधि के अन्तर्गत तालाक को पूर्ण रूप से समझा जा सके।

(ब) मुस्लिम विधि का आधार :–

मुस्लिम विधि ''अल कुरान'' पर आधारित है, जिसका अस्तित्व मुसलमान आदि काल से अल्लाह की सत्ता में मानते हैं तथा इसे मानव के समक्ष प्रस्तुत करने वाले मुहम्मद साहब को ''रसूल अल्लाह'' अर्थात अल्लाह का दूत (Messenger of God) मानते हैं। इसकी आयते, जो इन्सान को उनके अन्तिम ईशदूत मोहम्मद के द्वारा ज्ञात हुई ''कलामे अल्लाह'' (ईश्वर के वचन) तथा निश्चायक समझी जाती हैं। धर्म और अध्यात्म के अतिरिक्त कुरान में विधिशास्त्र भी अन्तर्विष्ट है जो ''शरअ'' का मुख्य आधार है। कुरान अल–फुरकान है। अर्थात यह असत्य से सत्य को और अनुचित से उचित को दर्शाता है।

'कुरान' अल्लाह द्वारा पैगम्बर साहब को सम्बोधित संवादो को एक क्रम के रूप में है। ये संवाद जनता के सामने पैगम्बर के पैगम्बर बनने के बाद तेईस वर्षों से भिन्न–भिन्न अवसरों पर प्रकट किये गये और उनगें, ज्यों–ज्यों प्रश्न उठते गये, विभिनन समस्याओं से संव्यवहार किया गया है।

परन्तु जब कभी किसी विषय पर कुरान मौन है तो सुन्नत अथवा ''सुन्नाह'' (अर्थात, जो कुछ पैगम्बर साहब ने कहाया जिसकी उन्होंने अव्यक्त अनुमति दी थी) और 'हदीस' (अर्थात पैगम्बर साहब की उक्तियाँ, उक्तियों या कार्यों का वर्णन अथवा अव्यक्त अनुमोदन) से सहायता ली जाती है मुसलमानों के द्वारा सब कुरान के अनुपूरक समझे जाते हैं और उसी कोटि के हैं।

(स) मुस्लिम विधि का सम्बोधन :–

मुसलमानों की विधि दैवी प्रकाशन (Revelation) पर आधारित है और उनके धर्म से मिश्रित हैं सर अब्दुर्रहीम के शब्दों में :– ''हुकुम वह है जो अल्लाह के पैगाम (खिताब) के द्वारा इन्सान के क्रियाकलाप के सन्दर्भ में मांग या उदासीनता जाहिर करते हुए या मात्र घोषणात्मक (Declaratory) रूप में कायम किय गया हो'' इसलिये मुस्लिम विधिशास्त्र का पहला सिद्धान्त है– खुदा में ईमान या निष्ठा और कार्यों पर उसके प्राधिकार की स्वीकृति। दूसरा सिद्धान्त है मौहम्मद साहब की पैगम्बरी (देवदूत) में विश्वास। इस्लाम में अल्लाह ही एक मात्र विधायक है और अल्लाह के बाद सार्वभौम शक्ति (Soverign) जनता में निहित है पैगम्बर मौहम्मद व्यवस्थाकार है और कुरान ही विधि का ग्रन्थ है। इस कारण कानून को धर्म से पृथक करना सम्भव नहीं है।

अध्याय 1

मुसलमान कौन हैं ?

कोई भी व्यक्ति जो इस्लाम धर्म में आस्था रखता हैं अर्थात् जो कि यह स्वीकार करता है कि (क) अल्लाह केवल एक है उसके सिवाये कोई विर्धात एवम् सर्वशक्तिमान नहीं है तथा (ख) मौहम्मद साहब उसके पैगम्बर (नबी) हैं, मुसलमान है (नरोत्तम बनाम पाराकल)[1] इस तरह एक मुसलमान के लिए अल्लाह का सिर्फ एक मानना और मौहम्मद साहब की पैगम्बरी स्वीकार करना आवश्यक है (ला इलाहा—इल लल्लाह मौहम्मद—उर—रसूलउल्लाह) स्वीकार कराना कराना जरूरी है। यह जरूरी नहीं है कि वह कोई कि वह कोई खास रसम अदा करे या इस्लाम धर्म में कट्टर निष्ठावान हो। इसका कारण यह है कि धार्मिक विश्वास की सच्चाई की कोई भी न्यायालय परीक्षा नहीं कर सकता। (अब्दुल रज्जाक बनाम आगा मौहम्मद)[2]

जबकी इब्ने उमर रीज0 के अनुसार :— कि मौहम्मद साहब के अनुसार इस्लाम की (बुनियाद) आधार पाँच रसूमों पर है (i) इस बात को स्वीकार करे के अल्लाह के अलावा कोई खुदा नहीं है। और मौहम्मद साहब उसके पैगम्बर है। (ii) नमाज अदा करना (iii) ज़कात देना (iv) हज्ज करना (v) व्रत के माह में व्रत रखना।[3]

---

[1]एम0 आई0 ए0 (1863)
[2]ए0 आई0 आर0 (1923) मद्रास
[3]सहीह बुखारी हदीस पार पी0 69

इसके अलावा अबू हुरैरा रजि0 के अनुसार :– मौहम्मद साहब ने इमान की साठ से भी अधिक शाखायें बतायी हैं जिसमें विवाह भी एक महत्वपूर्ण व मुख्य रसम है। मुस्लमान दो प्रकार के होते हैं जो निम्न प्रकार हैं।[4]

(i) जन्म से :– वह बच्चा जिसके माता और पिता दोनों ही मुसलमान हो वह जन्म से मुसलमान कहलाता है।

शरियत के अनुसार :– अगर किसी बच्चे के माता–पिता में से कोई भी इस्लाम धर्म का मानने वाला हो तो बच्चे के विषय में यह उपधारणा होगी कि वह भी मुसलमान है।[5]

परन्तु आधुनिक भारत में यह नियम लागू नहीं होता है वर्तमान भारत में नियम यह है कि यदि माता–पिता में से केवल एक व्यक्ति मुसलमान है, तो बच्चा तभी मुसलमान माना जायेगा, यदि उसका पालन–पोषण मुस्लिम धर्म के अनुसार किया गया। जन्म से मुसलमान व्यक्ति जब तक वह इस्लाम धर्म का त्याग न करे, मुसलमान बना रहेगा। (भगवान वख्त बनाम दिग्विजय)[6]पूजा की किसी हिन्दू रीति का ग्रहण न कर लेना मात्र इस्लाम का त्याग नहीं हो जाता (आजिमा बीवी, बनाम शामलानन्द)[7]

1.1 धर्म परिवर्तन द्वारा मुसलमान :–

कोई गैर मुसलमान धर्म परिवर्तन द्वारा भी इस्लाम धर्म मानने (कबूल) करने से मुसलमान हो सकता है। बशर्तें कि स्वस्थचित और वयस्क हो। धर्म परिवर्तन द्वारा इस्लाम धर्म ग्रहण करने वालों के सम्बन्ध में यह समझा जाना आवश्यक है कि उनके पहले के धर्म

---

[4]सहीह बुखारी हदीस पार पी0 69
[5]मुस्लिम शरियत
[6]ए0 आई0 आर0 1931 अवध 301

[7](1921) 17 सी0 डब्लू0 एन0 211

को इस्लाम धर्म ने प्रतिस्थापित कर दिया और वे मुस्लिम वैयक्तिक विधि से शासित होंगे। वास्तव में इस्लाम का आधार विश्वास है। और इन्सान के ख्यालात (सोच–विचार) परीक्षण योग्य नहीं होते। अर्थात अन्त में कहा जा सकता है के इस्लाम धर्म को मानने वाले और ग्रहण करने वाले मुसलमान कहलाते हैं परन्तु अब प्रश्न यह उठता है के इस्लाम क्या है ?

1.2 इस्लाम और उसका अर्थ :–

पैगम्बर साहब के कथन अनुसार वाणी की निर्मलता और अतिथ्य (Hospitality) ही इस्लाम है। धर्य और नेकी ही दीन या आस्था (पिजी) है नेकी से सुख और बदी से दुख का बोध ही दीन का लक्षण है तथा जिस कार्य को करने से अपने ही चिन्त को चोट पहुँचे वहीं पाप (Sin) है।

धार्मिक भाव में इस्लाम से तात्पर्य अल्लाह की इच्छा के लिए आत्मसमर्पण कर देना है और धर्म निरपेक्ष भाव में इस्लाम का अर्थ शांति की स्थापना है। ''सलामा'' धातु, जिससे ''इस्लाम'' शब्द बना है, का तात्पर्य है धैर्य रखना, विश्रान्त रहना, अपना कर्तव्य पालन करना, ऋणों का भुगतान करना, विवाह करना, दीन–दुखियों की सेवा करना पूर्णतया अक्षुब्ध रहना और परम मित्र को अपने को समर्पित कर देना। इस्लाम का अर्थ–शान्ति, अभिवादन (Greeting) सुरक्षा और मोक्ष (Salavation) है।

1.3 इस्लाम के उपदेश :–

कुरान के उपदेश यह स्पष्ट करते हैं कि इस्लाम संसार के आरम्भ से अस्तित्व में है और प्रलय (कयामत) के दिन तक इसका अस्तित्व रहेगा। मौहम्मद साहब धर्म को मनुष्य द्वारा पालन योग्य एक सीधा और स्वाभाविक कानून समझते थे, जिसमें कि कोई पेचीदगी

या संदिग्धता नहीं थी इस्लाम में इन्सानों के बन्धुत्व की भावना है। इस्लाम की या मान्यता है कि अल्लाह ने उन सबको पैदा किया है। वह उन सब को बराबर समझता है। इन्सान के स्वार्थ से उत्पन्न साम्प्रदायिक भावना और अन्य अवरोध दूर कर दिये गये हैं। और धर्म के आधार पर किये गये विभाजन (तकसीमें) उचित नहीं माने जाते हैं और धर्म की शिक्षा हर प्रकार की गुटबन्दी के विरूद्ध है। पैगम्बर मौहम्मद साहब ने लोगों को बताया कि श्रेष्ठता कर्म में रहती है इस प्रकार एक मुसलमान के लिए जीवन का अन्तिम उदेश्य प्राप्त करने के संघर्ष में यह बड़ा संसार सहकारिता के लिए महान क्षेत्र है।

इस्लाम प्रथमतः कर्तव्यशीलता का धर्म है। मानव–सेवा और परोपकार ही विशेष रूप से अल्लाह की सेवा और उपासना है। जो इनसान पर मेहरबानी और रहम (दया) नहीं करता अल्लाह उस पर मेहरबानी और रहम (दया) नहीं करेगा। इस्लाम धर्म में (भगवान) अल्लाह के आदेश वहृयि (संदेश) द्वारा अपने पैगम्बर मौहम्मद साहब पर आते रहे, जिसको इमाम बुखारी ने अपनी पुस्तक मे लिखा जिसके अनुसार बताया गया कि हजरत आईशा ने बताया कि जब मौहम्मद साहब पर वहृयि (संदेश) आते थे तो कभी फरिश्ते (दूत) द्वारा याद करा दिया जाता, तो कभी सपनो द्वारा प्राप्त होती थी। इसलिये मौहम्मद साहब को एकान्त भली लगने लगी और हिरा (पर्वत) के गार में हरने लगे और तपस्या (इबादत) में लगे रहते और जब तक आने को दिल न कहता कई रातें (तन्हाई में) तपस्या, यानि अल्लाह के इबादत में बिताते। और इस काम के लिये खाना–पीना साथ ले जाते (और जब वह समाप्त हो जाता तो) फिर ख़त्दीजा के पास वापस लोटकर आते और उतना ही खाना–पीना और ले जाते। यहाँ तक कि उसी हिरा के गार में थे कि आप पर वहृयि (संदेस) आ पहुँची जिब्रील (फरिश्ंता) आये और कहा पढ़ो। आप ने कहा ''मैं पढ़ा–लिखा आदमी नहीं हूँ'' और

जिब्रील ने मौहम्मद साहब को पकड़कर ऐसे भींचा (दबाया) और छोड़ दिया इस प्रकार तीन बार ऐसा हुआ और अन्त में कहा– ''उस रब के नाम से पढ़ो जिसने समस्त संसार बनाया और आदमी को (रक्त की) फूटकी से बनाया और तेरा रब बड़ा करम वाला है'' बस यह आयत सुनकर आप मौहम्मद साहब इस हाल में लोटे कि आप का दिल (डर के मारे) काँप रहा था और खदीजा (पत्नि) से कहा कि मुझे कपड़ा उढ़ा दो, तब उन्होंने कपड़ा उढ़ा दिया। जब आप मौहम्मद का डर जाता रहा तो आप साहब ने खदीजा़ से किस्सा बयान किया फिर खदीजा आप (साहब) को साथ लेकर चली यहाँ तक कि वकी बिन नोफ़ल बिन अ़द बिन उज़्ज़ के पास, जो खदीजा के चचा जाये भाई थे, आयी। इन्होंने जाहिलिययत की के समय में (बुतो की पूजा छोड़कर) ईसाई धर्म अपना लिया था और यह अि़ब्रानी भाषा के माहिर थे, तो इन्जील से जो अल्लाह लिखवाना चाहता वह अि़ब्रानी भाषा में लिखा करते थे, और बहुत ज्यादा बूढे होकर अन्धे हो गये थे। खदीजा ने उनसे कहा ऐ मेरे चचा जाये भाई, अपने भतीजें की बात को सुनो। व़र्का ने आप (मौ0) से पूंछा, कि आपने क्या देखा? मौहम्मद साहब ने जो कुछ देखाथा वह उनसे बता दिया यह सुनकर वर्का बिन नौफल बोल पड़े ''कि यह तो वहीं फरिश्ता (दूत) है जिस को अल्लाह ने मूसा के पास भेजा था। ऐ काश मैं उस समय (यानी तेरी पैगम्बरी के समय में) जवान होता ऐ काश। में उस समय तक जीवित रहता जब तक आप (साहब) को आपकी उम्मत (कोम) ही के लोग अपने वतन से बाहर निकाल देगे (हिजरत) क्योंकि जब भी किसी व्यक्ति ने आपके (साहब) जैसे बात की हैं, लोग उसके दुश्मन (शत्र) हो गये और यदि मैं उस समय तक जीवित रहा तो तुम्हारी भरपूर सहायता करूगाँ'' लेकिन व़र्की का बहुत जल्द देहान्त हो गया और बाद में वहृयि का आना कुछ समय के लिए बन्द हो गया और बाद में वहृयि को याद करने का सिलसिला

जारी हो गया जिसको बार मे (हिफ्ज) याद कर लिया गया तथा बाद में सुरक्षा के तोर पर कुरान को लिखित किया गया। इसलिए अल्लाह ने अपनी वह्यि द्वारा अपने पैगम्बर को आदेश दिया जो कुरान में कहा गया – ''जो कुछ पैगम्बर मौहम्मद देते हैं उसे स्वीकार करो और जिन्हें यह मना करे तुम उनसे दूर रहा और दूसरी जगह कहा गया ''तुम अल्लाह और उसके पैगम्बर की बात मानो।''

1.4 मुस्लिम विधि की विचार पद्धतियाँ :–

पैगम्बर मौहम्मद साहब के देहावसान के पश्चात् यह प्रश्न उठा कि शासक कौन बने। एक पक्ष उत्तराधिकार के सिद्धान्त के पक्ष में था और दूसरा निर्वाचन (Election) के पक्ष में। शिया लोग कहते थे कि उत्तराधिकार के आधार पर पद प्राप्त होना चाहिये और इमाम (प्रमुख) का पद पैगम्बर साहब के वंशजो तक ही सीमित रहना चाहिये। सुन्नी लोग 'जमाअत' (मुस्लिम समुदाय) द्वारा चुनाव के सिद्धान्त का समर्थन करते थे और उन्होंने अपने खलीफा को मतदान के द्वारा चुना। शिया लोग 'जमआत' के प्राधिकार से इन्कार करते थे और सुन्नी लोग उसका समर्थन करते थे इस प्रकार यद्यपि दोनों का मतभेद राजनीतिक घटनाओं पर आधारित है, विधि या विधि शास्त्र पर नहीं, किन्तु बाद में उनके विधि सम्बन्धी दृष्टिकोण में भी अन्तर आया।

मुस्लिम विधि की दो मुख्य विचार–पद्धतियाँ :– सुन्नी और शिया। ये दोनों सम्प्रदाय भी कई विचार पद्धतियों में बंटे हुए हैं अधिकांश मुसलामन सुन्नी हैं, इसलिए जब तक विरुद्ध प्रमाण न हो, यह पूर्वधारणा कर ली जाती है कि किसी बाद में पक्षकार सुन्नी होंगे।

प्रत्येक सम्प्रदाय अपने ही कानूनो से शासित :– राजा दीदार हुसैन बनाम जहिरून्निस[8] के वाद में प्रिवी काउन्सिल के माननीय न्यायधीशों ने यह धारण किया कि व्यवहार न्यायधीश का यह कर्तव्य है कि वह प्रत्येक बाद में उसी सम्प्रदाय या विचार पद्धति की विधि का प्रयोग न करे जिसके कि वे पक्षकार हो।

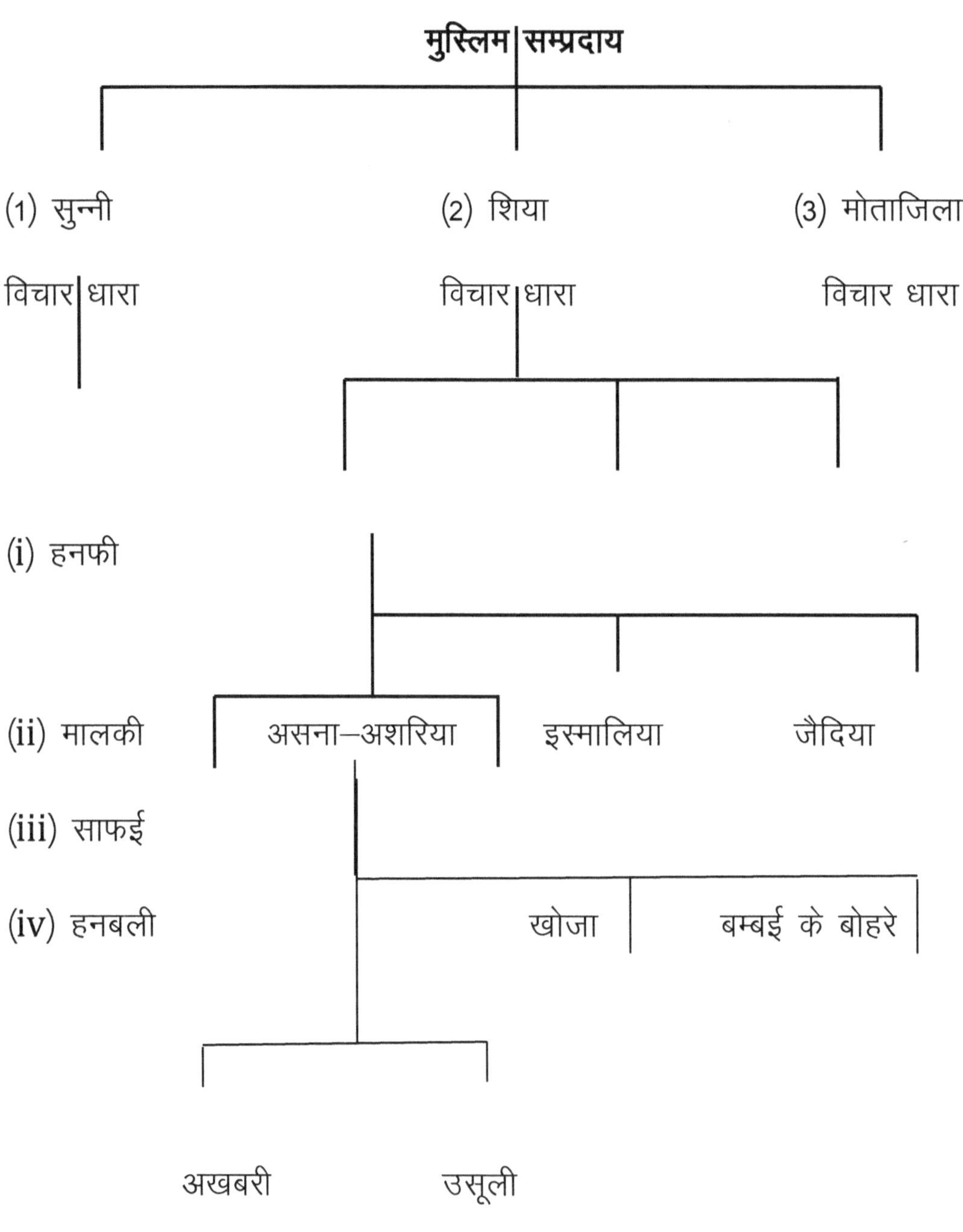

इस तरह मुसलमानों के तीन सम्प्रदाय (फिरके) – (1) सुन्नी (2) शिया और (3) मोताजिला है।

(1) सुन्नी–सम्प्रदाय (Sunni Sects)

विधिवेत्त जिन्होंने विधिशास्त्र की इस विचार पद्धति का विकास किया और जिनके नामों पर मुस्लिम विधि की चारो सुन्नी विचार पद्धतियों के नाम पड़े वे निम्नलिखित है–

(i)   अबू हनीफा   (सन् 699 से 766 ई0 तक)

(ii)   मलिक इब्न–अनास   (सन् 713 से 795 ई0 तक)

(iii) मौहम्मद अश–शफी   (सन् 767 से 820 इ0 तक)

(iv) अहमद इब्न हनबल   (सन् 780 से 855 ई0 तक)

इन विधिवेत्तओं द्वारा प्रख्यापित विधि के मुख्य सिद्धान्त एक ही है परन्तु कयास (निजी अनुमान) के प्रयोग और 'कुरान' के निर्वचन में स्वल्प अन्तर है।

(2)   शिया–सम्प्रदाय (Shia Sect)

शिया सम्प्रदाय की मुख्य विचार पद्धतियाँ निम्न हैं :–

(i)   अथना–अशारिया(Athna-Asharia) विचार–पद्धति

(ii)   इस्माइलिया(Ismaili) विचार–पद्धति, और

(iii)   जैदी (Zaidi) विचार–पद्धति

सामान्यतः शिया–विधि के स्थापित हो जाने के बाद अधिकारी इमाम कौन है, इस विषय पर विवाद होने से भिन्न विचार पद्धतियों का उद्भव हुआ। नतीजा यह है कि यद्यपि चारों सुन्नी पद्धतियों में शिया–पद्धतियों की अपेक्षा परस्पर अधिक मतभेद है, फिर भी सुन्नियों में आपस में भेदभाव बहुत कम हैं परन्तु धार्मिक उत्तराधिकार के प्रश्न पर मतभेद की वजह से शिया और सुन्नी सम्प्रदाय परस्पर विरोध रखते हैं।

शिया लोग ''इमामों'' को आध्यात्मिक और सांसारिक सभी मामलों मे अपना मुखिया मानते रहे है। इसलिए शिया धर्म शासन में मुज्तहिदो का एक भिन्न ही स्थान रहा है और अब तक मान्य है।

तथापि इन मतभेदों के अतिरिक्त दोनों विधियों के सिद्धान्त लगभग समान है कि विभिन्न कालों में पूर्णता को पहुँचे। इसलिए दोनों सम्प्रदायों में इज्तिहाद' का प्रभाव एक समान हीं हैं सम्भवतः शिया लोगों में ''इमामो'' और ''मुज्तहिदो'' के लगातार मौजूद रहने के कारण शिया काजियों के कम 'फतवे' पाये जाते हैं।

(3) मोताजिला :–

मोताजिला शाखा इस्लाम धर्म की शाखा के रूप में नवींशताब्दी के आस–पास उद्भव हुई। इस शाखा के संस्थापक अला–उल–मज्जल थे। अमीर अली के मत अनुसार ''मोताजिला'' लोग कभी ''उसूली'' विचार पद्धति के अति समान शिया सम्प्रदाय के प्रारम्भिक काल की एक शाखा माने जाते हैं। उन्हें एक मृत विचार पद्धति वाले लोग, जिन्होंने अपने सिद्धान्तों के विकास की चेष्टा की थी, समझा जाना चाहिये। उनका कोई संगठन समुदाय

नहीं है और न विधि का कोई पृथक निकाय है। शाहराशीयी जो मुस्लिम सम्प्रदायों के विषय में एक परिनिष्ठित मध्ययुगीन अधिकृत विद्वान माने जाते हैं, मोताजिला लोगों को एक पृथक वर्ग समझते हैं। ऐतिहासिक मोता जिला विचार पद्धति दूसरी पद्धति दूसरी पद्धतियों से मुख्यतः काल्पनिक दीन–धर्म के सिद्धान्तों पर भिन्न थी। मोता जिला विचार पद्धति के सिद्धान्तों के अनुसार एक से अधिक पत्नियों के साथ विवाह अवैध है। इस विचार पद्धति की दूसरी विशेषता यह है कि न्यायालय के हस्तक्षेप के बिना विवाह–विच्छेद नहीं हो सकता। वर्तमान काल में इन विचार पद्धति के अनुभावी बहुत ही कम संख्या में है।

अध्याय 2

" अल निकाह सुन्नती "   (पवित्र कुरान)

मुस्लिम विधि के अन्तर्गत विवाह की अवधारणा :–

2.1 विवाह का अर्थ एवं परिभाषाएॅ :–

विवाह एक संस्था (Institution) है '' यह संस्था मानव सभ्यता का आधार हैं'' कि हमने पुरूष स्त्रियों पर हाकिम (अधिकारी) बना कर भेजा हैं'' दूसरे शब्दों में मुस्लिम विधि में पत्नी की अधिनता स्वीकार की गयी है। निकाह (विवाह) का शाब्दिक अर्थ है – स्त्री और पुरूष का यौन–संयोग (Carnal Conjuntion) और विधि में इनका अर्थ हैं– ''विवाह''। बेली के सार–संग्रह में विवाह की परिभाषा स्त्री के समागम को वैध बनाने और सन्तान उत्पन्न करने के प्रयोजन के लिए की गयी संविदा (Contract) के रूप मे की गयी है।[9]

इस्लाम धर्म के प्रारम्भ से पूर्व असीमित बहुपत्नीत्व की प्रथा थी। इस्लाम के अन्तर्गत क्रमिक सुधार के रूप में बहुततपत्नीय को चार तक सीमित किया गया हैं। अरब में इस्लाम धर्म से पहले स्त्री वासना तृप्ति की वस्तु और पति की सम्पत्ति मानी जाती थीं पुरूष को

---

[9] बेली पृष्ठ संख्या 44

स्त्री कुछ समय या सदा के लिए खरीदता था और चार प्रकार के विवाह प्रचलित थे। प्रथम प्रकार के विवाह आजकल के विवाहों के समान थें परन्तु अन्य तीन प्रकार के विवाह वेश्यावृति से बेहतर श्रेणी के नहीं थें इन तीन प्रकार के विवाहों में से एक विवाह में पति अपनी वत्नी को किसी प्रतिष्ठत व्यक्ति के पास बच्चा जनने के लिए भेजता था और वह स्वयं उसके साथ समागम तब तक नहीं करता था जब तक कि वह गर्भवती नहीं हो जाती थी। दूसरे प्रकार के विवाह में कई व्यक्ति जिनकी संख्या 10 से कम रहती थी एक स्त्री के साथ योन सम्बन्ध रखतें थें, और बच्चे के जन्त के बाद ऐसी स्त्री इनमें से किसी व्यक्ति को बच्चे का पिता घोषित कर देती थी और ऐसा व्यक्ति बच्चे की पैतृकता से इन्कार नहीं कर सकता था तीसरे प्रकार के विवाह में कई व्यक्ति स्त्री के मकान पर जाते थें ऐसी स्त्री के दरवाजे पर झण्डा लगा रहता था बच्चे के जन्म होने पर ऐसी स्त्री से समागम करने वाले सभी व्यक्ति बुलाये जाते थें और मुखसामुद्रिक बच्चे की पैतृकता का निर्णय करता था तथा मुता विवाह का प्रचलन था। पैगम्बर साहब ने उपर्युक्त प्रकार के अन्तिम तीन विवाहों को वर्जित कर दियां। उन्होने कुछ समय तक मुता विवाह को सहन किया, लेकिन बाद में मौहम्मद साहब ने इस विवाह को भी निषेद्ध घोषित किया।

पैगम्बर साहब ने अरब समाज की बहुत सी कुरीतियाँ दूर की तथा स्त्री की सहमति विवाह के लिए आवश्यक कर दिया **'हेदाया' के अनुसार** ''विवाह एक विधिक प्रक्रिया है, जिसके द्वारा स्त्री और पुरूष के बीच समागम और बच्चों की उत्पत्ति तथा औरसीकरण

पूर्णतया वैध और मान्य होते हैं" असहाबा का कथन हैं कि "विवाह स्त्री और पुरूष की और से पारस्परिक अनुमति पर आधारित स्थायी सम्बन्ध में अन्तर्निहित संविदा है।[10]

डॉक्टर मोहम्मद उल्लाह एस जंग कहतें है कि "विवाह सारतः एक संविदा होते हुए भी एक श्रद्धात्मक कार्य हैं, जिनके उददेश्य है–"उपभोग और सन्तानोत्पति के अधिकार और समाज के हित में सामाजिक जीवन का नियमन"

अब्दुर्रहीम के अनुसार :– "विवाह की प्रथम में 'इबादत' "मुआमलात" दोनों गुण पाये जाते हैं अर्थात् "मुस्लिम रिवाजों के अन्तर्गत विवाह सरतः एक व्यवहारिक संविदा होते हुए भी श्रद्धात्मक कार्य है।

सम्भवतः अब्दुर्रहीम का यह कथन पैगम्बर के इस कथन पर आधारित हैं कि "विवाह मेरी सुन्नत हैं। जो लोग जीवन के इस ढंग को नहीं अपनाते वे मेरे अनुयायी नहीं हैं " अन्यत्र पैगम्बर ने यह भी कहा है कि " इस्लाम में सन्यास नहीं हैं "

मुस्लिम विधिवेत्ताओं का इस विषय पर मतैक्य है कि विवाह सुन्नत मुवक्किदा हैं, अर्थात जो विवाह करता हैं, दूसरी दुनिया में पुरस्कृत होता हैं और जो विवाह नहीं करता है, वह पाप का भागी होता हैं।

हेदाया के अनुसार :– "विवाह एक संविदा है जिसका लक्ष्य या उददेश्य सन्तानोत्पति हैं जीवन में विश्रान्ति मिलने के लिए यह प्रथा जारी की गयी और यह मनुष्य की प्रथामिक आवश्यकताओं में से एक हैं इस कारण यह चरम वृद्धावस्था में, जब सन्तान की आशा नहीं रह जाती है और अन्तिम मृत्यु रोग में भी वैध हैं।"

मुस्लिम विधि के अनुसार :– विवाह (1) स्वतः पक्षो के बीच और (2) उनमें से प्रत्येक और संमेल से उत्पन्न सन्तान के बीच अधिकारों और कर्तव्यों के सृजन करने, स्त्री पुरूष के समागम का वैध बनाने, सन्तान उत्पन्न करने और उसे वैध बनाने और समाज के हित समाजिक जीवन को नियमित करने के उददेश्य की पूर्ति के लिए एक संविदा हैं।

अतः 'विवाह' पारस्परिक उपभोग और सन्तान की उत्पत्ति तथा औरसीकरण के उददेश्य से एक स्त्री और एक पुरूष के बीच किया जाने वाला एक स्थायी और अप्रतिबन्धित व्यवहार संविदा हैं।

2.2 विवाह का उददेष्य :–

''तरमीजी'' विवाह के पॉच उददेश्यों का उल्लेख करता हैं–

(1) कामवासना का नियमन

(2) ग्रहस्थ जीवन का नियमन

(2)यदि कोई संविदा अवयस्क की और से उसका अभिभावक करता हैं तब अवयस्क को यह अधिकार होता हैं कि वयस्क होने के बाद शादी निरस्त हो सकती है यदि अल्पवयस्कता की अवधि वयस्क होने के बाद शादी निरस्त हो सकती है जब अल्पवरूसकता की अवधि में संरक्षक द्वारा की गयी हैं।

(3) यदि मुस्लिम विवाह के पक्षकार विवाह संस्कार के पश्चात् ऐसा अनुबन्ध करते है जो युक्तियुक्त और इस्लाम विधि की नीतियों के विरूद्ध न हो तब विधि द्वारा प्रवर्तनीय होगा। इसी प्रकार की स्थिति संविदा में होती हैं।

(4) व्यक्तिगत हितों के अनुकूल शादी सम्बन्धित संविदा की शतों में विधि सीमा के अन्तर्गत परिवर्तन किया जा सकता हैं।

(5) अन्य संविदा के समान शादी सम्बन्धित संविदा के उल्लंघन हेतु प्रावधान विहित है यद्यपि पवित्र कुरान और हदीस में इसकी आलोचना की गयी हैं।

महत्वपूर्ण वाद **अब्दुल कादिर बनाम सलिंमन** में **न्यायाधीश महमूद** और **न्यायाधीश मित्तर** ने **सबरूनिशा** के बाद में मुस्लिम विवाह को संविदात्मक दायित्व के रूप में बल दिया हैं और मुस्लिम संविदा को विक्रय संविदा के समान बताया हैं।

मुस्लिम विवाह के प्रकृति का वर्णन करते हुए न्यायाधीश महूमद ने कहा " मुसलमान लोगों में शादी एक संस्कार नहीं है अपितु पूर्ण रूप से एक सिविल संविदा हैं यद्यपि सामान्य रूप में शादी सम्पन्न होते समय कुरान का सुपठन किया जाता है फिर भी मुस्लिम विधि में इस विशिष्ट अवसर के लिए विशिष्ट सेवा सम्बन्धित कोई प्रवधान नहीं है यह परिलक्षित होता हैं कि विभिन्न दशाओं में जिसके अन्तर्गत शादी सम्पन्न होती है अथवा शादी के संविदा होने की उपधारणा की जाती है वह एक सिविल संविदा हैं सिविल संविदा होने के उपरान्त लिखित रूप से है संविदा ही आवश्यक नहीं है एक पक्षकार द्वारा इस सम्बन्ध में घोषणा अथवा कथन और दूसरे पक्षकार द्वारा सहमति अथवा स्वीकृति होनी चाहियें अथवा उसके प्राकृतिक या विधिक अभिभावक द्वारा सहमति दी जानी चाहिए। यह सहमति सक्षम और साक्षीगण के सम्मुख व्यक्त होना चाहिए। इसके अलावा परिस्थितियों के अनुसार निश्चित प्रतिबन्ध भी आरोपित किये जा सकते है।

उपर्युक्त विवेचना के आधार पर यह नहीं कहा जा सकता है कि न्यायाधीष महमूद ने मुस्लिम विवाह को केवल सिविल संविदा के रूप में प्रतिपादित किया है लेकिन इसकी

इतीरोक्ति प्रतिपादित सिद्धान्त से विधिक अनुशासित रखती है। न्यायाधीष महमूद बेली के इस विचार जीवन की पवित्रता के लिए होना सहमत है उन्होने स्वय् विवाह के अन्य पहलू को प्रतिबिम्बित करते हुए कहा है कि इसका सामाजिक पक्ष भी हैं।

मेहर (डावर) मुस्लिम विवाह में सिविल संविदा के प्रतिफल से भिन्न हैं **न्यायाधीश महमूद बेली** उपयुक्त चाद में तर्क करते हुए कहते हैं :–

''मुस्लिम विधि में मेहर वर धन है अथवा वह सम्पत्ति हैं, जो पति द्वारा पत्नी को शादी के प्रतिफल के रूप में दी जाती है अथवा देने का वचन किया जाता है। मुस्लिम विधि में मेहर रोमन विधि के (Denotion Propter nuption) समरूप है जिसे अंग्रेजी विधि में वैवाहिक अनुबन्ध के नामसे जाना जाता है।

इसी रूप में और किसी अन्य रूप में नहीं मेहर को मुस्लिम विधि के दाम्पत्य समागम के लिये प्रतिफल समझा जाता हैं **सबरूनिशा** के बाद में **न्यायाधीश मित्तर** ने कलकत्ता उच्च न्यायालय में निर्णय देते हुए कहा :–

''मुस्लिम विधि में विवाह विक्रय संविदा के समान एक सिविल संविदा हैं विक्रय के मूल्य के बदले सम्पत्ति का अन्तरण होता हैं विवाद की संविदा में पत्नी सम्पत्ति और मेहर मूल्य होता है।

इस प्रकार ऐसा स्पष्ट होता जा रहा है कि न्यायालयों के दृष्टिकोण के अनुसार मुस्लिम विवाह पूर्ण रूप से सिविल संविदा ही माना जा रहा है।

2.3 मुस्लिम विवाह एक सिविल संविदा :–

आलोचनाए :–

एक दूसरा विचार यह है कि विवाह पूर्ण रूप से एक सिविल संविदा नही है अपितु एक धार्मिक संस्कार भी हैं **अनीसा बेगम बनाम मुहम्मद इस्तफा**[11] के एक महत्वपूर्ण वाद में मुख्य न्यायाधीश **शाहसुलेमान** ने एक अत्यन्त सन्तुलित दृष्टिकोण अपनाते हुए यह निर्धारित किया है कि मुस्लिम विवाह एक सिविल संविदा ओर एक धार्मिक संस्कार दोनों है।

शाह सुलेमान ने यह विचार अनीसा बेगम के मामले में व्यक्त किया है कि :–

मालवी समी उल्लाह (जनपद न्यायाधीश रायबरेली) का यह विचार अन्याथा नहीं है कि मुसिलम विवाह एक सिविल संविदा ही नहीं अपितु एक धार्मिक संस्कार भी हैं क्योंकि उन्होनें अधिकारिक सामग्री भी इस विषय में एकत्रित किया है जो इस प्रकार हैं:–

धार्मिक पहलू पर विचार करने के बाद यह कहा जा सकता हैं कि मुस्लिम विवाह एक इबादत (पूजा सम्बन्धी कार्य) है पैगम्बर साहब ने स्वयं इस सम्बन्ध में कहा है कि विवाह शारीरिक रूप से स्वस्थ एवं समक्ष मुस्लिम के लिए आवश्यक हैं

पैगम्बर साहब कहते हैं कि :–

"ऐ लोगों (युवकों) तुममें से जो इस काबिल है उसे शादी करनी चाहियें क्योंकि यह तुम्हारे अनैतिक देखने पर प्रतिबन्ध लगाती है और जो लोग इस योग्या नही है उन्हें ऐसा ही रहने दो" वे शादी ना ही करे तो अच्छा है।

इसी सन्दर्भ में एक और हदीम है :–

वह लोग जो शादी करते हैं अपना आधा धर्म पूरा कर लेते हैं और बचा हुआ आधा धर्म अल्लाह से डर कर सदाचार तथा पवित्र जीवन व्यतीत करके पूरा कर सकते है।

---

[11](1985) 55 इला0 743

2.4 " इस्लाम में सन्यास नहीं हैं"

तीन ऐसे व्यक्ति है जिन्हें अल्लाह में स्वय मदत करने का वायदा किया हैं पहला वाह जो अपनी स्वतंत्रता स्वयं खरीदता है दूसरा वह जो विवाह करता है और तीसरा वह जो अल्लाह के लिये लड़ता हैं एक बार मोहम्मद साहब ने कहा कि विवाह जेहाद के बराबर हैं विवाह न करना पाप हे यह मेरी सुन्नत है और यह उन सभी लोगों के लिए आवश्यक है जो शारीरिक रूप से स्वस्थ है।

एक जगह मोहम्मद साहब कहते हैं कि ''मैं रोजा रखता हूँ और तोड़ता हूँ मैं प्रार्थना करता हूँ और में विवाहित हूँ। और तुममें से वे लोग जो मेरी सुन्नत को नहीं मानेगें वे मुझमें नही हैं और जो लोग अविवाहित है वे लोग विश्वास करने के काबिल नहीं है।

महमूद अली के अनुसार :– शादी की संविदा की शक्ति यह होती हैं कि पक्षकारों को स्वीकृति से पहले प्रवचन उन्हैं दिया जाता हैं उनके विचार से 'खुतवाह' अथवा प्रवचन शादी के प्रकाशन में सहायता देता हैं इसका दुहारा उद्देश्य है प्रथम यह कि संविदा को अनुशास्ति प्रदान करता है और दूसरा यह है कि पक्षकारों को भावना विकसित होती हैं इसका उपहार नहीं बनायेगां।

यदि विवाह सिविल संविदा के अलावा और कुछ नही तब उपर्युक्त परम्पराओं को ध्यान में रखते हुए यह कहा जा सकता हैं कि :–

जो कोई भी सिविल संविदा करता है वह अपना आधा धर्म पूरा कर लेता है, सर्वशक्तिमान स्वंयउसकी साहयता करते हैं जो सिविल संविदा करता हैं सिविल संविदा जेहाद के समान होतीहै प्रत्येक शारीरिक रूपसे स्वस्थ मुसलमान के लिए सिविल संविदा करना आवश्यक होता है और यह सभी बातें प्रत्यक्ष रूप से तर्कहीन हैं।[12]

इसका तात्पर्य यह है कि मुस्लिम विवाह सिविल संविदा के अतिरिक्त और भी कुछ है। बेली के अनुसार ''शादी जीवन की पवित्रता के लिए होती है। अत्यधिक वृद्धावस्था में जब सन्तान उत्पत्ति की आशा समाप्त हो जाती है और अन्तिम समय या मृत्युग्रस्त बीमारी की हालत में यह विधिमान्य होती हैं।[13]

न्यायाधीश महमूद की यह अवधाराणा की विवाह एक सिविल संविदा होती है स्वीकार नहीं किया जा सकता है केवल इस आधार पर कि विवाह में सिविल संविदा में समानता लक्षित होती हैं यदि सूक्ष्म रूप से अवलोकन किया जाये तब यह प्रतीत होगा कि कुछ समानाताओं के अतिरिक्त दोनों में अनेक अन्तर होता हैं उदाहरण के रूप में मुस्लिम विवाह पूर्ण रूप में केवल सिविल संविदा नहीं है क्योंकि –

(1) सिविल संविदा से भिन्न यह भविष्य की घटनाओं पर आधारित नहीं हो सकता है, और

(2) सिविल संविदा से भिन्न यह सीमित समयावधि के लिए नहीं हो सकता हैं

(3) सिविल संविदा से भिन्न धारणाधिकार का आधार शादी की संविदा में लागू नही होता है।

---

[12]खालिद रशीद ओप सिट प. 56

[13]ओप सिट प. 56

इसके अतिरिक्त अन्य अन्तर यह है कि असंदन विक्रेता माल के विक्रय को निरस्त कर सकता हैं ऐसी संविदा को निरस्त करते हुए वह माल का पुनः विक्रय कर सकता है जबकि विवाह को संविदा में असंदत पत्नी इस कारण कि डावर को धनराधि का आंशिक भुगतान की हुआ है विवाह में पति के विरूद्ध तलाक प्राप्त नहीं कर सकती हैं अथवा अन्य पुरूष के साथ नहीं रह सकती है।

न्यायाधीष मित्तर का यह दृष्टिकोण कि मुस्लिम विवाह केवल माल विक्रय हेतु संविदा है विश्लेषण करने पर यह स्पष्ट होता है कि प्रत्येक मात्र संविदा में एक क्रेता और एक विक्रेता तथा विक्रय की विषय वस्तु का होना जरूरी है जबकि विवाह संविदा में पत्नी स्वयं डावर प्राप्त करती है उसके माता–पिता को नहीं प्राप्त नहीं होता है अतः विक्रेता भी होता है? विक्रय की विषय वस्तु क्या है?

निष्कर्ष के रूप में यह कहा जा सकता है कि मुस्लिम विवाह न तो पूर्ण रूप से सिविल संविदा है और न ही धार्मिक संस्कार अपितु दोनों का अपमिश्रण हैं।

2.5 ''मान्य विवाह के लिए आवष्यक शर्तेः–

मुस्लिम विवाह सम्पन्न होने के समय किसी प्रकार का धार्मिक अनुष्ठान विधितः आवश्यक नहीं हैं विवाह के समय काजी या मुल्ला की उपस्थिति भी आवश्यकत नहीं है यद्यपि निकाह या मुस्लिम विवाह के लिये कानून न तो कोई उत्सवादी विहित करता हैं कुछ आवश्यक शर्तो का पालन न होने पर विवाह निष्प्रभावी हो जाता है, जबकि अन्य आवश्यक शर्तें के अभाव में विवाह अनियमित हो जाता है ये औपचारिकताएं निम्नलिखित है :–

(1) प्रस्ताव और स्वीकृति :– अन्य संविदाओं के समान विवाह भी प्रस्ताव एवं स्वीकृति से पूर्ण होता है यह आवश्यक है कि विवाह का एक पक्षकार

दूसरे पक्षकार से विवाह करने का प्रस्ताव करें जब दूसरा पक्षकार प्रस्ताव की

स्वीकृति दे देता हैं।

मुसम्मत जैनवा बनाम अबदुल रहमान ए.आई.आर. 1945[1] :–

इस वाद में अवधारित किया गया कि प्रस्ताव और स्वीकृति देने का कोई रूप नही होता प्रस्ताव और स्वीकृति पक्षकारों या उनके अभिकर्ताओं द्वारा एक दुसरे की उपरिस्थिति में एक ही बैठक में तथा स्पष्ट शब्दों में किया जाना आवश्यक है।

(2) उपस्थिति :– प्रस्ताव और स्वीकृति प्रकट करने वाले शब्दों का उच्चारण दोनों पक्षकारों या उनके अभिकर्ताओं की उपस्थिति में इस प्रकार होना जरूरी है कि दोनों पक्षकार एक दूसरे के कथन को सुन सकें विलसन के मत से शर्त का महत्व यह है कि दोनों पक्षकार संविदा को समझ लें।

(3) एक बैठक :– सव्यवहार का एक बैठक में पूरा हो जाना जरूरी हैं

(4) साक्षी :– (क) सुन्नी विधि :– के अन्तर्गत प्रस्ताव और स्वीकृति दो ऐसे पुरुष या एक पुरुष और दो स्त्री साक्षियों की उपस्थिति में होना जरूरी हैं जो स्वस्थचित और युवक मुसलमान हों। साक्षियों की अनुपस्थिति विवाह को शून्य नहीं बल्कि अनियमित बना देती हैं।

षिया विधि :– के अन्तर्गत विवाह के समय नहीं बल्कि विवाह विच्छेद की घोषिणा के समय साक्षी आवश्यक होते हैं अतः शिया विधि के अन्तर्गत साक्षियों की अनुपरिथयी में किया गया विवाह पूर्णतया वैध विवाह माना जाता है।

(5) स्वतन्त्रा इच्छा और सहमति :– किसी विवाह के पक्षकारों का अपनी स्वतन्त्र इच्छा और सहमति से विवाह करना जरूरी हैं। उनकी सहमति का भय अनुचित दबाव या कपट से मुक्त होना जरूरी है। ऐसे लड़के या लड़की के मामले में जिसने व्यस्कता न प्राप्त की हो, विवाह वैध न होगा जब तक कि विधिक संरक्षक ने उसके लिये अनुमति न दे दी हो। यदि विवाह के पक्षकार के पक्षकार स्वस्थचित और व्यस्क है तो ऐसी दशा में स्वयं उनके द्वारा सहमति का दिया जाना आवश्यक है।

हसन बनाम कुटटी[14]**–** विवाह के लिए स्वतन्त्र सहमति न केवल अनिवार्य बलकि निरपेक्ष रूप से आवश्यक है।

(6) विवाह करने की क्षमता :–सामान्य नियम यह है कि विवाह के पक्षकार मुस्लिम विधि के अनुसार व्यस्क हो। मुस्लिम विधि के अन्तर्गत व्यस्कता की आयु विपरीत साक्ष्य के अभाव में 15 वर्ष मानी जाती हैं इस नियम का अपवाद यह कि 15 वर्ष से कम आयु के लड़के या लड़की का अभिभावक ऐसे व्यस्क से विवाह की संविदा कर सकता है परन्तु इस अवस्था में यह भी जरूरी हैं कि व्यस्क सात वर्ष से कम की न हो। इससे स्पष्ट हैं कि सात वर्ष से कम उम्र वाले का विवाह हर हालत में प्रभावहीन होता है तथा सात वर्ष और पन्द्रह वर्ष के बीच की उम्र वालों का विवाह तभी मान्य होता है जब उनके अभिभावक विवाह की संविदा करें। विक्षिप्त या पागल का विवाह भी उसके अभिभावक द्वारा संविदा करने पर ही मान्य होता है।

---

[14]हसन बनाम कुटटी

2.6 मुता विवाह अर्थ और प्रकृति :–

'मुता विवाह' मुस्लिम विधि की शिया विचार पद्धति द्वारा मान्य एक अस्थायी विवाह होता हैं मुता शब्द का शाब्दार्थ है– उपभोग या उपयोग। हेफनिंग के अनुसार, कानूनी सन्दर्भ में इसको 'आनन्द के लिये विवाह कहा जा सकता है।

मुता विवाह के तत्व :–

1. मुता विवाह एक अस्थायी विवाह होता है

2. जिसमें पत्नी को देय मेहर की धनराशि निश्चित रहती है

3. समय निश्चित रहता है

4. मुता विवाह के लिए पत्नियों की संख्या असीमित रहती है।

शाहजादा खानम बनाम फख जहाँ :– के बाद में हैदराबाद उच्च न्यायालय ने निर्णय दिया है कि जीवनपर्यन्त मुता और ऐसे मुता विवाह निकाह मान लिया जायेगा। मेरा यह अनुरोध निर्धारित कर दी गयी तो यह समय कितना और क्या है, इसका महत्व नहीं रहता है अतः जीवन पर्यन्त का मुता विवाह मुता विवाह ही रहेगा, इसे निकाह नहीं नहीं माना जा सकता हैं शिया कानून के अन्तर्गत एक मुसलमान पुरूष किताबिया यहां कि पारसी स्त्री से भी मुता विवाह कर सकता है लेकिन एक हिन्दू या किसी अन्य धर्म की स्त्री से नहीं, किन्तु मुस्लिम स्त्री किसी गैर मुस्लिम से मुता विवाह नही कर सकती।[15]

---

[15]शाहजादा खानम बनाम फख जहाँ

अध्याय 3

विवाह विच्छेद (तलाक)

"DIVORCE"

3.1 परिचय : इस्लाम पूर्व की प्रथा :–

विवाह–विच्छेद प्राचीन काल से चला आ रहा है। लगभग सभी प्राचीन राष्ट्रों में विवाह विच्छेद दाम्पत्य अधिकारों का स्वाभाविक परिणाम समझा जाता है। रोम वासियों में भी विवाह विच्छेद के काफी प्रमाण भी मिलते हैं। जिनमें पुरानी कथाओं व नाटकों में से इसके लिखित परिणाम हैं। इसी प्रकार यहूदियों इस्राईलियों आदि सभी लोगों में विवाह विच्छेद किसी ना किसी रूप में प्रचलित था जिनका असीमित प्रयोग पुरूषों द्वारा होता रहा। प्राचीन हिन्दी कथाओं व राजा महाराजाओं के जीवन में इस प्रकार के परिणाम देखने को मिलते हैं जिससे किसी ना किसी रूप में वो अपनी पत्नियों के साथ ना रहकर उसको अपने से अलग कर दिया करते थे। वो भी एक प्रकार का विवाह–विच्छेद ही समझा जाता है। जाहिलियत युग में भी ये प्रथा के प्रमाण मिलते हैं जिसमें या तो कबीले के सरदार के आदेश अनुसार पति अपनी पत्नी को छोड़ दिया करता था या अपने पिता की आज्ञा का पालन करने के लिए भी विवाह विच्छेद कर दिया करता था। इस प्रकार समाज में विवाह–विच्छेद किसी ना किसी रूप में प्रचलित था। स्त्री समाज में इस्लाम धर्म व सभ्य युग से पूर्व विवाह–विच्छेद जैसे पीड़ाओं से पीडित रही और अकसर स्त्रीयों को

विवाह–विच्छेद से गुजरना पड़ता था और उन्हें मठ तथा मन्दिरों में रहकर या अपना बाकी का जीवन समाज की सेवा करके या पीड़ितों व पुजारियों की सेवा करके गुजारना पड़ता था। जिसका उदाहरण पूर्व विधि के अन्तर्गत विवाह–विच्छेद के सम्बन्ध में नारद एवं पराशर का श्लोक बहुधा उद्धत किया जाता है। नारद के अनुसार ऐसी पाँच परिस्थितियाँ होती हैं जिनके अन्तर्गत एक स्त्री अपने पुरूष (पति) का परित्याग करके दूसरे पति का वरण कर सकती है। वे परिस्थितियाँ इस प्रकार हैं – (1) पति के गुम हो जाने पर (2) पति की मृत्यु हो जाने पर (3) सन्यासी जीवन गृहण करने पर (4) पति के नपुंसक होने पर (5) जातिच्युत हो जाने पर। इस प्रकार कौटिल्य ने भी उपरोक्त परिस्थितियों में विवाह–विच्छेद होने की घटनाओं का अनुसरण किया है।

अतः उपरोक्त विवेचना के आधार पर पता चलता है कि विवाह–विच्छेद इस्लाम धर्म से पूर्व भी अलग–अलग सभ्यताओं तथा जातियों और कबीलों में प्रचलित थे। इस्लाम के आरम्भ से पूर्व पति को विवाह–विच्छेद के असीमित अधिकार प्राप्त थे।

3.2 विवाह विच्छेद में इस्लामी सुधार :– Islami creforms in Divorce :-

अमीरअली के अनुसार – पैगम्बर मौहम्मद साहब के सुधार पूर्व देशीय विधानों के इतिहास में एक नये युग के प्रतीक हैं। उनमें पहली बात यह है कि उन्होंने पति को तालाक देने की शक्ति को सीमित कर दिया है। दूसरी यह है कि उन्होंने स्त्रियों को उचित आधार पर अलग हो जाने का अधिकार प्रदान किया। पैगम्बर साहब ने कहा कि ''ईश्वर की दृष्टि में अनुमोदित बातों में विवाह–विच्छेद सबसे बुरा है। यद्यपि पैगम्बर साहब ने विवाह विच्छेद को बुरा समझा, किन्तु उसे संभवतः जन विरोध की आशंका से कुछ सुधार के साथ सहन किया। बुद्धीजीवी व्यक्तियों की दृष्टि में भी विवाह–विच्छेद घृणा स्पद (सबसे बुरा) है परन्तु

विवाह–विच्छेद होने से इतनी समस्यायें नहीं होती जितना के ना होने से। क्योंकि यदि पति पत्नी के बीच विवाह सम्बन्ध ठीक प्रकार नहीं है तब उनका वैवाहिक जीवन नरकीय हो जाता है इसीलिए ऐसी परिस्थितियों में तो विवाह–विच्छेद ही हो जाना उचित है।

3.3   तलाक द्वारा विवाह विच्छेद :–

अर्थ (Meaning) :– शाब्दिक अर्थ में ''तलाक'' शब्द का अर्थ है कि किसी बन्धन या गाँठ को खोल देना।विधि में इससे तात्पर्य है ''निकाह के बंधनों को हटा देना[16] अर्थात् वैवाहिक सम्बन्धों की समाप्ति। अरबी भाषा में तलाक का अर्थ होता है – निराकरण करना या नामंजूर करना।[17] इस विषय पर पैगम्बर साहब के कथन के अनुसार'' खुदा ने जितनी भी वस्तुओं की स्वीकृति दी है उनमें अगर सबसे घृणित कोई वस्तु है तो वह है तलाक''।[18] इतने पर भी मुस्लिम विधि ने तलाक की स्वीकृति दी है और कुछ मामलों में आवश्यक भी माना है। तलाक के प्रविधान को मुस्लिम विधि स्वीकार करती है। परन्तु इसके उपयोग को दैवी कोप की धमकी द्वारा वर्जित भी करती है। बेली महोदय का कहना है कि ''पहले भी यह निषिद्ध था और अब भी इसे निन्दित कार्य समझा जाता है, परन्तु तुलना में अधिक बुराइयों से बचने के लिए इसकी अनुमति दे दी गई।[19] कलहपूर्ण परिवारों में सुख शानित सम्भव नहीं है। अत यदि इस कलह का कारण पति का पत्नी के प्रति अविश्वास या प्रभावहीन हो तो अच्छा यही होगा कि वैवाहिक सम्बन्धों का अन्त कर दिया जाए।

क्या तलाक का मनमाना प्रयोग घृणास्पद है :–

---

[16]दारूल मुख्तार (दयाल का अंग्रेजी सं0 1915), 117,
[17]अकील अहमद (मुस्लिम विधि) पृ 972
[18]अब्दुर रहीम : मौहम्मडन ज्यूरिस्प्रूडेन्स 335–336 / डा0 आर0 आर0 मौर्य : मुस्लिम विधि पृ0 9
[19]मुस्लिम विवाह विच्छेद अधिनियम 1939

मुस्लिम विधि के लगभग सभी विद्वान तलाक को उचित मानते हैं, किन्तु उसके अकारण प्रयोग को व नैतिकता और धर्म की दृष्टि से जघन्य समझते हैं। पैगम्बर साहब का कथन है कि ''जो मनमानी रीति से पत्नी को अस्वीकार करता है वह खुदा के शाप का पात्र होता है'' अपने अन्तिम समय के निकट उनहोंने बिना पंच या न्यायाधीश के हस्तक्षेप के पुरूषों द्वारा तलाक के प्रयोग को ही एक प्रकार से लगभग वर्जित सा कर दिया था।

इस सम्बन्ध में कुरान में लिखा है कि ''यदि उनके मध्य वैवाहिक सम्बन्ध के भंग होने की आशंका हो तो एक निर्णायक, पति के पक्ष से और एक पत्नी के पक्ष से नियुक्त करो। इस प्रकार यदि वे अपने सम्बन्ध को सुधारना चाहेंगे तो अल्लाह उनहें एकमत कर देगा।

सामान्यता विवाह संविदा के दोनों पक्षकारों को विवाह–विच्छेद का विकल्प प्राप्त होता है। परन्तु इस सम्बन्ध से पत्नी से कही अधिक पति को अधिकार है। पति स्वेच्छा से किसी समय विवाह बन्धन तोड़ सकता है। एक दूसरे की सहमति से भी विवाह विच्छेद हो सकता है परन्तु **मुस्लिम विवाह विच्छेद अधिनियम** 1939 से पूर्व पत्नी पति की मर्जी से बिना विवाह विच्छेद नहीं कर सकती थी, परन्तु वह निःसन्देह ही अपने पति से तलाक क्रय कर सकती थी। ऐसा कहा जाता है कि इस्लामिक विधि का सबसे बड़ा दुर्गुण पति द्वारा बिना कारण ही अपनी पत्नी को तलाक देने सम्बन्ध अधिकार का है। मेहर कुछ सीमा तक पति द्वारा तलाक दिये जाने के अधिकार पर प्रतिबन्ध लगाता है परन्तु अनुभव यह कहता है '' कि महिलाओं को जितना हानि पतिओं द्वारा गैर जिम्मेदाराना तलाक देने से नहीं है उससे अधिक हानि तलाक न देने से होती है। ऐसी परिस्थितियों में पत्नी को

अपनी इच्छानुसार तलाक प्राप्त करने का अधिकार निश्चित रूप से पत्नी के लिए सुरक्षा प्रदान करते हैं''[20]

मुस्लिम विवाह–विच्छेद अधिनियम, 1939 के लागू होने के पश्चात पत्नी इस अधिनियम की धारा–2 के अन्तर्गत दिये गये आधारों में से किसी एक या अणिधक आधारों पर न्यायालय से विवाह–विच्छेद की डिग्री प्राप्त कर सकती है।

जबकि ''कि तलाक देने का अधिकार सिर्फ पति को है। जब पति ने तलाक दे दी तो तलाक हो गयी, पत्नी का इसमें कोई अधिकार नहीं है, चाहे स्वीकार करे या ना हर तरह तलाक हो गयी ओर पत्नी अपने पति को तलाक नहीं दे सकती''[21] ''यदि किसी पति ने अपनी पत्नी को तलाकिन कहके पुकारा तब भी विवाह विच्छेद होगा चाहे हंसी में क्यों ना कहा हो'' |[22]

अतः उपर्युक्त विवेचना के आधार पर कहा जा सकता है कि (तलाक) विवाह विच्छे पति द्वारा एक मनमाना तथा घृणास्पद प्रयोग है जिसे ''मुस्लिम विवाह विच्छेद अधिनिमय 1939 तथा ''तलाक–उलसुन्नत द्वारा इस मनमाना व एक पक्षीय अधिकार को कॉफी सीमा तक सीमित करने का प्रयास किया जा रहा है परन्तु मुस्लिम समुदाय में अशिक्षा के कारण अभी भी इसे माना जा रहा है।

जिसमें पति पत्नी के समझौते का कोई समय नहीं मिल पाता। यह तलाक बिद्त कहा गया है जो उचित नहीं है क्योंकि **कुरान के अनुसार** एक स्थान पर कहा गया है –

---

[20]अकील अहमद : मुस्लिम विधि पृ. सं. 95
[21]मौलाना अशरफ अली धानवी : बहिशती जेवर पृ0 249
[22]मौलाना अशरफ अली धानवी : बहिशती जेवर पृ0 251 (10)

''हर बिद्त गुमराही है।'' (उचित रास्ते से भटक जाना) है और हर गुमराही नरक की और ले जाती है''।

इसीलिए यह कहा जा सकता है कि कुरान व हदीस के अनुसार भी पति द्वारा बिना कारण पति–पत्नी के बीच समझौतों का समय दिये बिना दिया गया (तलाक) विवाह विच्छेद घृणास्पद ही है।

3.4 अन्य मुस्लिम देशों में विवाह विच्छेद की स्थिति

अन्य मुस्लिम देशों मे भी कुरान व हदीस के अनुसार तलाक उल सुन्नत अर्थात् तीन तलाक समय समय पर देने का प्रवधान किया गया क्योंकि मुस्लिम समाज में समय समय पर विवाह विच्छेद का मुद्दा सामने आता रहा है। जिसमें अलग–अलग मत रहे हैं। इस विषय पर एक मत होने के लिए व इस विवाद को सुलझाने की कोशिश की गई। जिसका हल कुरान व सुन्नत में खोजा गया और इन्हीं आधारों पर को लेकर सर्वप्रथम **मिस्र ने सन्** 1929 मे तीन तलाक को एक माना जाये, लागू किया गया और विधि बना दी गई जिसमें एक समय की तालक को एक ही माना जाये तथा समय उपरान्त दूसरी तलाक दी जानी चाहिए तथा फिर समय बीतने पर तीसरी व अन्तिम तलाक दी जानी चाहिए। जिसमें समझौते का अवसर पति पत्नी दोनों को मिल जाता है। इसी प्रकार **सूडान में सन्** 1935 **में अरडन में सन्** 1951 **में शाम में सन्** 1953 **में मराकिश में सन्** 1958 **में ईराक में सन् 1959 में** और **पाकिस्तान में सन् 1961 में** लागू किया गया।[23] और इन सभी देशों में सुन्नत व कुरान के अनुसार तलाक (विवाह–विच्छेद) को अपनाकर इसको एक मत प्रदान किया।

---

[23]ताहिर मैहमूद ः मुस्लिम विधि

इसी मुद्दे को लेकर भारत में 4 ता0 से 6 नवम्बर 1973 को मौलाना मुफ्ती अतीकुर्रहमान उसमानी अध्यक्ष आल इंडिया मुस्लिम मजलिस मशवरात को अध्यक्षता में एक सेमीनार आयोजित किया जिसमें भारत व अन्य देशों के धार्मिक बुद्धीजीवी जिनमें मौलाना सईद अहमद अकबरा आबादी भूतपूर्व प्रधानाचार्य मदरसा आलिया व भूतपूर्व विभाग अध्यक्ष सिनयात विभाग – मुस्लिम विश्वविद्यालय अलीगढ़ व निर्देशक शेख अलहिन्द ऐकेडेमी देवबन्द मौलाना शमशुल परिजादा भूतपूर्व अमीर जमाते हस्लामी ''महाराष्ट्र'' मौलाना सय्यद हामिद अध्यक्ष जमात–ए–हस्लामी हिन्द मौलाना मुखतार अहमद नदवी जमाते अहले हदीस बम्बई मौलाना सैयद अहमद उरूज कादरी मदीर माहनामा ''जिन्दगी'' रामपुर मोलाना उबैदुर्रहमान मुबारकपुरी और मौलाना महफूजर्रहमान कासमी मदरसा बैतुल उजूम मालेगाँव मे उपस्थित हुए। सेमिनार में मुफ्ती साहब ने बताया कि आधुनिक युग अबम् मुस्लिम समाज (समुदाय) की आवश्कयता और हालात को देखते हुए दो विभिनन (मसलक) की School of thought को एक मत पर लाने की कोशिश की गई है जो एक वर्ग तीन तलाक को अलग–अलग समय में मानता है। तथा दूसरा वर्ग एक ही समय में तीन तलाक मानता है, इसीलिए इस विषय पर बहुत विचार विमर्श किया गया जिसमें इनकी वर्ग ने अपने फैसले को न बदलने का फैसला किया और कहा कि पति को किसने मजबूर किया था कि एक ही समय में तीन तलाक दे। परन्तु दूसरे वर्ग समाज की मांग को तथा हितों को रक्षा के लिए कुरान व हदीस में इस विषय पर गहन चिन्तन करने के पश्चात इस निर्णय पर पहुँचता है कि तीन तलाक को अलग–अलग समय में माना जाये। अर्थात् ''तालक उल सुन्नत'' को अपना कर इस विकराल समस्यों से बचा जा सकता है।

3.5 शिया और सुन्नी के अन्तर्गत तलाक की विधियों में अन्तर :–

शिया	सुन्नी
1. तलाक मौखिक रूप से अरबी भाषा में होना चाहियें।	1. तलाक मौखिक या लिखित कैसा भी हो सकता है।
2. तलाक की घोषणा के समय गवाहों की आवश्यकता होती है।	2. इसमें गवाहों की आवश्यकता नहीं होती है।
3. शराब या अन्य किसी वस्तु के नशे में या बलपूर्वक कराया गया तलाक कानूनी दृष्टि में शून्य और अमान्य होता है।	3. नशे या बलपूर्वक कराया गया तलाक शून्य नहीं होता।
4. तलाकों की कोटि में तलाक उल–सुन्नत श्रेष्ठ माना जाता है।	4. तलाक–उल–सुन्नत व तलाक–उल–बिद्दत दोनों को ही श्रेष्ठ कोटि का माना जाता है।
5. अस्पष्ट भाषा में दिया गया तलाक निष्प्रभावी होता है।	5. यदि यह सिद्ध हो जाये कि तलाक इच्छापूर्वक है तो वह निष्प्रभावी नहीं होता है।

अध्याय 4

तलाक के प्रकार एवं ट्रिपल तलाक

मुस्लिम विधि में पति या पत्नी में से किसी एक की मृत्यु पर विवाह की समाप्ति मानी जाती है। इसे अतिरिक्त निम्नलिखित किसी एक ढंग से भी विवाह का विच्छेद हो जाता है–

4.1 पति के कृत्यों से :–

(1)   तलाक द्वारा

(2)   इला द्वारा

(3)   जिहार द्वारा

4.2   पत्नी के कृत्यों से :–

(4)   तलाक–ए–तफवीज द्वारा

4.3   पारस्परिक सहमति से –

(5)   खुला द्वारा

(6)   मुबारत द्वारा

(7)   मुस्लिम विवाह अधिनियम, 1939 के अन्तर्गत[24]

मुस्लिम विधि के अनुसार कुछ विद्वानों द्वारा सामान्यता विवाह संविदा के दोनों पक्षकारों को विवाह–विच्छेद का विकल्प प्राप्त होता है, परन्तु इस सम्बन्ध में पत्नी से कहीं

---

[24]मौर्य, डा0 आर0 आर0, मुस्लिम विधि पृ. 97

अधिक पति को अधिकार है। पति स्वेच्छा से किसी समय विवाह बन्धन तोड़ सकता है। परन्तु मुस्लिम विवाह–विच्छेद अधि नियम, 1939 से पूर्व पत्नी–पति की मर्जी के बिना विवाह–विच्छेद नहीं कर सकती थी। परन्तु वह निःसन्देह ही अपने पति से तलाक क्रय कर सकती थी। ऐसा कहा जाता है कि इस्लामिक विधि का सबसे बड़ा दुर्गुण पति द्वारा बिना कारण ही अपनी पत्नी को तलाक देने सम्बन्धी अधिकार है। मेहर कुछ सीमा तक पति द्वारा तलाक दिये जाने के अधिकार पर प्रतिबन्ध लगाता है। परन्तु अनुभव यह कहता है कि महिलाओं को जितनी हानि पतियों द्वारा गैर जिम्मेदाराना तलाक देने से नहीं है उससे अधिक हानि तलाक न देने से होती है। ऐसी परिस्थितियों में पत्नी को अपनी इच्छानुसार तलाक प्राप्त करने का अधिकार निश्चित रूप से पत्नी के लिए सुरक्षा प्रदान करता है। मुस्लिम विवाह – विच्छेद अधिनियम 1939 के लागू होने के पश्चात पत्नी इस अधिनियम की धारा 2 के अन्तर्गत दिये गये आधारों में से किसी एक या अधिक आधारों पर न्यायालय से विवाह – विच्छेद की डिग्री प्राप्त कर सकती है।

4.4   विवाह के विघटन का वर्गीकरण :–

मुस्लिम विवाह का विघटन निम्नलिखित तरीकों में से किसी एक के कारण हो सकता है –

विवाह के विघटन का वर्गीकरण

ईश्वरीय कृत्य द्वारा विवाह   पक्षकारो के कृत्य द्वारा विवाह

के किसी पक्षकार की मृत्यु हो जाने पर   विच्छेद

न्यायेतर विवाह – विच्छेद

पति द्वारा तलाक	पत्नी के द्वारा	पारस्परिक सहमती द्वारा
(1) इला	(प्रत्यायोजित तलाक	(1) खुला
(2) जिहार या तलाक–ए–तफवीज		(2) मुबारक

अन्य वर्गीकरण के अलावा कुछ मुस्लिम विद्वानों ने भी अपनी अपनी पुस्तकों में तलाक का वर्गीकरण व प्रकार इस प्रकार दिये हैं:– तलाक तीन प्रकार की है – एक तो ऐसी तलाक (विवाह – विच्छेद) है जिसमें विवाह बिल्कुल टूट जाता है। अब विवाह किए बिना उस पुरूष के पास रहना उचित (जायज) नहीं। यदि फिर उसी के पास रहना चाहे और पति उसे रखने के लिए तैयार हो तो फिर से विवाह करना पड़ेगा। ऐसा विवाह–विच्छेद को ''तलाक ए बाइन'' कहते हैं।

दूसरी वह है जिसमें विवाह ऐसे टूट जाता है कि पुनः विवाह भी करना चाहे तो किसी दूसरे पुरूष से विवाह करना पड़ेगा। और जब वह तलाक दे अर्थात् उसे विवाह – विच्छेद हो तो इद्त के पश्चात वह पुनः उससे (पहले पति) विवाह कर सकती है। ऐसी तलाक को ''मुगल्लजा'' कहते हैं।

और तीसरा विवाह – विच्छेद वह है जिसमें विवाह अभी समाप्त नहीं हुआ साफ शब्दों में एक या दो तलाक देने के बाद अगर पति को पश्चाताप हुआ तो फिर से विवाह करने की आवश्यकता नहीं है वह बिना विवाह के भी उसको रख सकता है। और फिर पति पत्नी की तरह रहना सही है। हाँ यदि पति तलाक देकर और उस पर डटा रहता है तो जब तलाक की इद्त का समय गुजर जायेगा तब उसका विवाह समाप्त हो जायेगा और पत्नी पति से अलग हो जायेगी। और आगे की इद्त काल गुजरने की आवश्यकता नहीं है। इस प्रकार के तलाक को ''रज्ओ'' तलाक कहते हैं। दूसरे शब्दों में इसे (तलाक–उल–सुन्नत) अर्थात् उचित तलाक कहते हैं।[25]

इसके अलावा तलाक को समझने के लिए तालक को निम्न प्रकार से भी दर्शाया जा सकता है :–

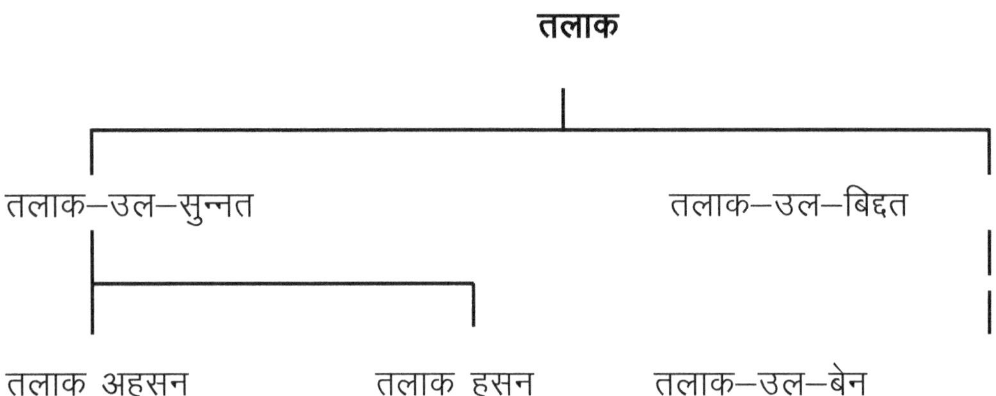

(म) अन्य प्रकार के तलाक

(1)   इला

---

[25]हजरत मौलाना अ''रफ अली थोनवी : वहि''ती जेवर पृ0 249

(2)   जिहार

(3)   खुला

(4)   मुबारत

(5)   तलाक ए–तफवीज

(6)   लियान

(7)   फस्क या न्यायिक विवाह – विच्छेद

इस प्रकार विवाह विच्छेद के विभिन्न दृष्टीकोण द्वारा व वर्गीकरण द्वारा ठीक प्रकार से इस विषय पर उचित दृष्टि डाली जा सकती है। और यदि मुस्लिम विद्वानों व विधि के आधार पर विवेचना तथा आलोचना की आवश्यकता पड़ती है। तो उसको भी करने में सरलता होगी।

जिससे कुरान व हदीस के आधार पर सही निर्णयों पर पहुँचने में सफलता मिलगी। इस विषय से पूर्व तलाक की सामर्थ्य (Capacity for talaq) का जानना भी आवश्यक है।

4.5 तलाक की सामर्थ्य :–

मान्य तलाक का उच्चारण करने के लिए पति में नीचे दी गई अर्हताएं होना आवश्यक हैं।

शिया विधि :– यदि वह शिया मुसलमान है तो उसे (1) वयस्क (बालिग) (2) स्वस्थचित्त (आकिल) (3) स्वतन्त्र इच्छा वाला मुख्तार और (4) कार्य की प्रकृति की जानकारी रखने वाला (कस्द) होना आवश्यक है।

सुन्नी विधि :–कोई भी स्वस्थचित मुसलमान जो वयस्क हो गया हो जब चाहे, बिना किसी कारण के भी तलाक का उच्चारण करके अपनी पत्नी को तलाक दे सकता है (हेदाया)

इस तरह से सुन्नी विधि के अनुसार जो कोई भी (1) वयस्क और (2) स्वस्थचित्त हो तलाक दे सकता हैं।

मौखिक या लिखित तलाक (Oral in writing divorce) :–

मुस्लिम विधि में तलाक (विवाह विच्छेद) मौखिक व लिखित अर्थात् दस्तावेजी (तलाकनामा) के द्वारा दी जा सकती है। और दोनों ही तलाको को विधि में मान्यता प्रदान की हुई है। सुन्नी विधि के अनुसार तलाक के समय साक्षियों की उपस्थिति अनिवार्य नहीं है। जबकि शिया साम्प्रदाय के अनुसार साक्षियों की उपस्थिति अनिवार्य नहीं है। जबकि शिया साम्प्रदाय के अनुसार साक्षियों की उपस्थिति अनिवार्य है और विशिष्ट सूत्र का प्रयोग कर सकता है।[26]

4.6 मौखिक तलाक (Oral Talaq)

पति बिना किसी तलाकनामे के सिर्फ शब्दों के उच्चारण से भी तलाक दे सकता है और शब्दों का कोई विशेष रूप जरूरी नहीं है। यदि शब्द स्पष्ट है और उनसे तलाक दिया जाना अच्छी तरह स्पष्ट है तो आशय के प्रमाण की आवश्यकता नहीं होती। यदि प्रयोग में लाये गये शब्द अनिश्चित हो तो शब्द प्रयोग करने वाले के आशय के प्रमाण की जरूरत नहीं होती। यदि प्रयोग में लाये गये शब्द अनिश्चित हों तो शब्द प्रयोग करने वाले के आशय को प्रमाणित किया जाना जरूरी होता है। ''मैंने तुम्हें तलाक दे दिया है''[27] ''मैं हमेशा के लिए अपनी पत्नी को तलाक देता हूँ और अपने लिए हराम मानता हूँ।'' जैसे वाक्य विवाह

---

[26]गफ्फूरशाह ब0 शबातून बीबी 1994 1 डी एम सी, 228 उड़ीसां।
[27]रशीद अहमद ब0 अनीसा खातून (1932) 59 आई ए 21

विच्छेद का आशय स्पष्ट करते हैं। और इनमें आशय के प्रमाण की कोई आवश्यकता नहीं है'' ''तुम मेरी चचेरी बहन (चाचा की लड़की) हो, यदि तुम चली जाओ, या मैं तुम्हारे साथ किसी प्रकार का कोई सम्बन्ध नहीं रखूँगा। इन शब्दों का अर्थ निश्चित नही है और इस कारण आशय का प्रमाणित किया जाना आवश्यक नहीं है। पत्नी की अनुपस्थिति में दिया गया तलाक वैद्य और प्रभावी होता है परन्तु पत्नी को नामांकित किया जाना आवश्यक है। एक वाद में तलाक परिवारिक वकील के सामने दिया गया था और पत्नी को नामांकित नहीं किया गया था। कलकत्ता उच्च न्यायालय ने इस तलाक को अवैध घोषित कर दिया है।[28]

सुन्नी विधि के अन्तर्गत पत्नी की उपस्थिति या उसको सम्बोधित किया जाना आवश्यक नहीं है।[29]

शाहिद बेगम बनाम अब्दुल माजिद[30] के वाद में राजस्थान उच्च न्यायालय ने निर्णय देते हुए कहा कि मुस्लिम विधि में मौखिक तलाक दिये जाने की स्वीकृति है जिसमें कोई मुस्लिम पति कभी भी तलाक की उद्घोषणा कर सकता है। लेकिन कोई ऐसा मुस्लिम पुरूष के जो बोलने में असमर्थ हो या गूँगा हो वह ऐसे समझने योग्य संकेतों द्वारा विवाह को तोड़ सकता है। वैसे तो सामान्य रूप से माना जाता है कि मुस्लिम पति के पास तलाक द्वारा विवाह विच्छेद करने का निरंकुश अधिकार है जिसे प्रयोग कर विवाह सम्बन्ध किसी भी समय समाप्त कर सकता हैं। इसके लिए न्यायालय में कोई सबूत पेश करने की कोई आवश्यकता नहीं है। इसके पूर्व आबिद अली[31] के वाद में निर्णय देते हुए खण्ड पीठ द्वारा

28वाजिद अली ब0 जफर हुसैन (1932) 6 लखनउ 4030
29फरजन्द हुसैन ब0 खानू बीबी 1878 4 कलकत्ता, 588
30फूल चन्द्र ब0 नाजिब अली, 36 कलकत्ता 184
31आविद अली बनाम गुलिस्ता बेगम 1998 1 राज0 104

निर्धारित किया कि मुस्लिम विधि में मौखिक तलाक मान्य है परन्तु जहां मौखिक तलाक साबित नहीं हो वहां पति द्वारा इस सम्बन्ध में दिया गया कथन ही तलाक की घोषणा मानी जायेगी या प्रस्तुत प्रति शपथ पत्र न्यायालय में दाखिल किये जाने की तिथि से तलाक प्रभावी मानी जायेगी और इस अवधि में पत्नी इद्तकाल पूरा करने तक भरण–पोषण मुस्लिम महिला (विवाह–विच्छेद पर अधिकारों का संरक्षण) अधिनियम, 1986 के अधीन प्राप्त कर सकेगा।

मु0 शाहुल हमीद बनाम ए0 शलीमा[32] पति की द्वितीय अपील को मद्रास उच्च न्यायालय ने निरस्त करते हुए निर्णय दिया कि पति द्वारा पत्नी को पत्र के माध्यम से दिया गया। ''तलाक'' में ''तलाक'' शब्द की घोषणा तीन बार नहीं की गई थी, अतः तलाक उस सुन्नत के अनुसार उसे ''एक बैठक की एक तलाक मानकर'' न्यायालय ने अपील को निरस्त करते समय उच्चतम न्यायालय द्वारा निर्णीत अपील एक अन्यवाद[33] में प्रतिपादित आधारों का उल्लेख किया जिसमें तलाक के बारे में पवित्र 'कुरान' मे कहा गया है कि तलाक के लिए पक्षों के बीच युक्त–युक्त कारण हो तथा पति पत्नी के बीच समझौता दो प्रतिनिधियों के माध्यम से कराने का प्रयास किया जाना आवश्यक है। समझौतें में असफल होने के बाद ही तलाक प्रभावकारी घोषित की जा सकती है। परन्तु उपरोक्त वाद में कोई ऐसा साक्ष्य उपलब्ध नहीं है कि पति–पत्नी के परिवारी सदस्यों द्वारा तलाक से पूर्व समझौतें का प्रयास किया गया है। साथ ही अधिस्थ न्यायालयों ने साक्ष्य में पाया है कि अपीलार्थी पति के पत्र में तीन बार तलाक पत्नी को दिया जाना प्रमाणित नहीं है।

---

[32]ए0 आई0 आर0 2003 मद्रास पृ. 162
[33]शमीमा आरा ब0 स्टेट ऑफ उ0 प्र0 2002 पृ. 3551

4.7 साक्षियों की उपस्थिति :– शिया विधि के अन्तर्गत एक मौखिक तलाक की उद्घोषणा की जानी चाहिए तथा इसके समक्ष ग्वाहों की उपस्थिति भी आवश्यक है।[34]

दिलशाद मसूद बनाम चौ0 मुस्तफा[35] :– के वाद में जहाँ तलाक की उद्घोषणा दो समक्ष ग्वाहों ''आदिल'' की उपस्थिति में नही की गई थी। इसकी उद्घोषणा न तो अरबी भाषा में की गई थी और न ही उक्त प्रकार की घोषणा के समयकोई समक्षग्वाह उपस्थित ही था। वकील का न्यायालय जिनकी उपस्थिति में प्रत्युत्तरदाता ने यह कथन किया कि उसने उपरोक्त प्रकार से अपनी पत्नी को तलाक दिया। वहाँ उपस्थित साक्षियों में आदिल को स्वीकार नही किया गया तथा निर्धारित किया गया कि अल्लाह ने कुरान में जो विचार सुझाये है उनका पालन नही किया जाता तो औपचारिकताओं की कोई विधिक महत्व नही होगा।

(i) फोन व इन्टरनेट पर दिया गया तलाक :– मुस्लिम विधि के अनुसार फोन पर दिया गया तलाक पहले मान्य नही था परन्तु वर्तमान समय में मान्य है अगर आवाज पहचानली गई हों।[36]

4.8 पत्नी की अनुपस्थिति में तलाक :– यह जरूरी है कि तलाक का उच्चारण पत्नी की उपस्थिति में किया जाये या उसकों सम्बोधिक ही हो। पत्नी की अनुपस्थिति उसे शुन्य या निष्प्रभावी नही बना देती परन्तु यदि वह उपस्थित न हो तो यह जरूरी है कि उसका निर्देश नाम से किया जाए या तलाक के शब्द स्पष्टता उसकी और निर्देश करते हो। यह आवश्यक

---

[34]गुलाम हसन बनाम ज़ोहरा बी 1996 म0 प्र0 ला0 ज0 94

[35]दिलशाद मसूद बनाम चौ0 मुस्तफा 1932 ए0 आई0 आर0 1632
[36]समाचार पत्र अमर उजाला दिनांक 22–8–2001

नही है कि तलाक की घोषणा किये जाने के समय पत्नी विधमान हो और न ही तलाक की नोटिस भी अपेक्षित है।[37]

अर्थात यह कहना उचित होगा कि मुस्लिम पति को तलाक देने के लिए पत्नी की उपस्थिति या अनुपस्थिति होना बाध्य नही कर सकता। इसलिए पति अपनी इच्छानुसार अपनी पत्नी को जब चाहे तलाक दे सकता है।

4.9 पत्नी को नोटिस या सूचना देने की आवष्यकता नही है :–

यह तथ्य कि मुस्लिम विधि में एक पक्षीय तलाक को मान्यता प्रदान की गई है जिसके अन्तर्गत :–

(क) पत्नी की रजामन्दी

(ख) पत्नी की उपस्थिति

(ग) दोनों अपेक्षित नही है।[38]

यद्यपि तलाक की उदघोषणा पत्नी की अनुपस्थिति में की जा सकती है फिर इसकी संसूचना कतिपय उददेश्यों के लिए आवश्यक होती है जैसे – तलाक पर जब मेहर संदाय योग्य होता है और पत्नी को इद्दत की अवधि गुजारनी पड़ती है।[39]

4.10 गुगें व्यक्ति द्वारा किया गया तलाक :–

किसी गुगें व्यक्ति द्वारा दिया तलाक तभी मान्य है यदि वह स्वीकारात्मक एवं समझ में आने के इशारे से किया गया हों। यदि गुगें व्यक्ति द्वारा किया गया तलाक इशारों से

---

[37] मो0 शुमसुददीन बनाम नूर जहाँ ए0 आई0 आर0 1985 हैदराबाद 144
[38] सै0 खर्शीद अहमद नकवी : मुस्लिम विधि प्र0 24
[39] फुलचन्द बनाम नाजिब 1909 36 कलकत्ता 184

समझने योग्य नहीं है तब तलाक प्रभावी नही होगी और इसके लिए वे भी आवश्यक है कि तलाक गुगें व्यक्ति और पत्नी के हितों की रक्षा को ध्यान में रखकर किया जाना अनिवार्य है।

4.11 प्रत्यायोजित तलाक (तलाक–इ–ताफवीज) "Delegated Divorce"

"तफवीज" अर्थात शक्ति के प्रत्यायोजन का सिद्धान्त तलाक की मुस्लिम विधि का एक महत्वपूर्ण विषय है। यदि कोई पति या तो एवम् अपनी पत्नी को तलाक दे सकता है या तलाक देने की अपनी शक्ति का प्रत्यायोजन किसी तीसरे पक्ष में या स्वतः अपने को ही कर सकता है। शक्ति का ऐसा प्रत्यायोजन ''तकवीज'' कहलाता है। विवाह के पहले या बाद में हुई यह व्यवस्था कि पत्नी को अपने आपको पति से कुछ विशेष परिस्थितियों में अलग करने की आजादी होगी, मान्य होती है। ऐसी संविदा जिसके द्वारा पति ने पत्नी को बिना उसकी सहमति के दूसरा विवाह करने पर अपने आपको उससे अलग कर लेने का अधिकार दिया हो, वैध होता है। परन्तु आवश्यक यह है कि पति द्वारा पत्नी को दिया गया विकल्प पूर्ण और असीमित न हो, रातें युक्तियुक्त हों और वे लोक नीति के विरूद्ध न हों।

अर्थात् प्राचीन काल में जब पत्नी–पति की सम्पत्ति–समझी जाती थी पति के उसी सम्पत्ति–अधिकार का विचित्र अवशेष यह तलाक–इ–तकवीज है। जिस प्रकार पति को अपनी सम्पत्ति की व्यवस्था या अन्तरण स्वयं करे या अपना कोई अभिकर्ता (।जजवतदमल) सम्पत्ति के लिये नियुक्त कर सकता है, उसी प्रकार पति अपनी पत्नी को तलाक देने के लिये एक अभिकर्ता नियुक्त कर सकता है।

वफातन बीबी बनाम शेख मेमुना बीबी[40] के वाद में पति–पत्नी के बीच में करार किया गया कि यदि उनके बीच में असहमति होती है तो पत्नी को अलग रहने का अधिकार होगा और पति भरण–पोषण प्रदान करने के लिये बाध्य होगा। यह निर्णित किया गया कि यदि पति अपनी पत्नी के भरण–पोषण प्रदान करने में असमर्थ होता है तो पत्नी विवाह–विच्छेद प्राप्त करने की हकदार होगी। यह कहा गया कि इस प्रकार का करार सार्वजनिक नीति के विरूद्ध नहीं था।

4.12 प्रत्यायोजित तलाक के प्रकार :–

प्रसिद्ध विधि ग्रन्थ हिदाया[1] के अनुसार तलाक–ए–तकवीज प्रकार की होती है जो निम्नलिखित है–

(1)   अख्तियारः जब पति कहता है –

''मैं तुम्हें यह शक्ति (अख़ितयार) प्रदान करता हूँ कि तुम स्वयं को तलाक दे दो।''

(2)   अमीर–ब–भेदः अर्थात् ''तुम्हारा काम तुम्हारे हाथों में है'' यह ''तुम जैसे चाहो वैसे करने के लिए स्वतन्त्र हो''

(3)   मशीयतः जब पति कहता है कि –

''मैं तुम्हें इस बात का विकल्प देता हूँ कि तुम्हारी जो इच्छा है वो करो।''

किन्तु उपरोक्त तीनों तरीके विश्लेषण किये जाने पर ये एक ही प्रभाव आशय रखते हैं, वह यह कि उसे विकल्प देना कि वह (पत्नी) जो चाहे करे।[41]

---

[40]हिदाया 87 दारूल मुख्तार दयाल द्वारा अग्रेजी में अनुवाद पृ. 171, 185

[41]अमीर अली, मोहम्मडन लॉ पंचम स0 1928 द्वितीय खण्ड 497

हमीदुल्ला बनाम फैजुन्निसा[3] के वाद में विवाह के पूर्व पति व पत्नी के मध्य यह करार हुआ था कि यदि वह पत्नी की मांग पर उसे रू0 400 /— मुअज्जल मेहर के रूप में प्रदान करेगा, पत्नी के साथ कभी दुर्व्यवहार नहीं करेगा, पत्नी को कभी पीटेगा नहीं और प्रतिवर्ष चार बार पत्नी अपने मायके जाने के लिये स्वतन्त्र रहेगी और यदि इन शर्तों में से किसी शर्त का उल्लंघन होता है, तो पत्नी अपने को तलाक दे सकेगी। विवाह के कुछ दिनों के उपरान्त पत्नी के पति के उपर क्ररता और मुअज्जल मेहर की अदायगी न किये जाने के आरोप लगाकर अपने को तलाक दे दिया। यह निर्णीत किया गया कि तलाक मान्य है, क्योंकि सभी शर्तें युक्तिसंगत थीं और ये मुस्लिम विधि की नीतियों के विरूद्ध नहीं थी।

करार के अधीन दी गयी शक्ति का प्रयोग करने वाली पत्नी को यह प्रमाणित करना चाहिये कि उन शर्तों की पूर्ति हो गयी है जिन शर्तों के अधीन उसे शक्ति का प्रयोग करने का अधिकार है। ऐसे मामलों में सिर्फ घटना का घटित होना मात्र पर्याप्त नहीं है। पत्नी को दो बातें सिद्ध करना चाहिये।

(1)   वे घटनायें घट चुकी हैं जिनमें उसे विकल्प के प्रयोग का अधिकार प्राप्त है।

(2)   उसने वास्तव में विकल्प का प्रयोग किया है।

यह बडी रोचक बात है कि तलाक—इ—इफवीज द्वारा पत्नी पति को नही देती बल्कि पति की ओर से पति द्वारा उसकी शक्ति का प्रयोग करके स्वयं को तलाक देती है यह प्रावधान इसलिये रखा गया है, क्योंकि मुस्लिम विधि में पत्नी द्वारा पति को तलाक दिया जाना सम्भव नहीं है। हाल ही में एक वाद[42] में बताया गया याचिकादाता की शादी प्रतिवादी

---

[42]महरम अली बनाम आय’’ा खातून (1915) 19 कलकत्ता वीकली नोट्स1226

नूर हुसैन के साथ हुई थी। पति द्वारा अपना तलाक देने का अधिकार अपनी पत्नी को प्रत्यायोजित कर दिया गया था जिसे काबीनामा में लिख दिया गया और उसका निष्पादन भी हो गया। जब उसके पति ने उसके साथ दुर्व्यवहार किया तब पत्नी ने अपने इस अधिकार का उपयोग करते हुए विवाह का विघटन कर दिया। पति ने भरण–पोषण और डावर अपनी स्त्री को देने से मना कर दिया तब पत्नी ने **(तलाक शुदा स्त्री के अधिकारों की सुरक्षा) अधिनियम 1986 की धारा 3** के अन्तर्गत वाद प्रस्तुत किया।

उपरोक्त वाद ने न्यायालय के अवधारित किया कि तलाक देने का अधिकार वैसे तो पति को ही है, लेकिन वह इसे अपनी पत्नी को पूर्णरूप से या शर्तों के साथ प्रत्यायोजित कर सकता है चूंकि यह पक्षकारों की व्यक्तिगत विधि द्वारा बिनिबिद्ध नहीं है, इसलिये पत्नी को अपने आप को तलाक देने का अधिकार है। इसलिये महिला ने अपने पति द्वारा प्रत्यायोजित अधिकार के अन्तर्गत तलाक दिया है तब भी वह तलाकशुदा स्त्री के अनतर्गत आयेगी अतः उसका भरण–पोषण उसके पति पर ही बनता है। भले ही विवाह अस्तित्व में नही है।

अतः अन्त में यह कहना ही उचित होगा कि अपने अधिकारों के प्रति जागरूक कुछ मुस्लिम परिवारों ने मुस्लिम विधि के इस प्रावधान का सहारा लेकर पत्नी के अधिकारों का संरक्षण करके इस तलाक–ए–सफवीज की उत्पत्ति की है और विवाह के समय पति की इस बात पर राजी (सहमत) किया कि वह अपनी पत्नी या अन्य किसी व्यक्ति को (सम्बन्धी) पत्नी के हित की रक्षा के लिये अविखडनीय अभिकुर्वा नियुक्त करे जो परिस्थितियों के प्रतिकूल बर्ताव करने पर जैसे पति दूसरी स्त्री से विवाह करे या कोई रखैल रखे तो तलाक घोषित करने के वैवाहिक अधिकार का प्रयोग कर सके। इसी प्रकार एक महत्वपूर्ण

वाद[1] में कलकत्ता उच्च न्यायालय में निर्णीत किया कि ऐसा करार वैध और मान्य है जिसमें पति ने अपनी पत्नी को अधिकार दे दिया कि यदि पति बिना पत्नी की सहमति के दूसरी स्त्री संग विवाह करेगा तो वह अपने आप को तलाक दे सकती है।

"प्रत्यायोजित तलाक का यह रूप मुसलिम विधि में पत्नी के हाथ शायद सबसे शक्तिशाली शस्त्र है जिससे वह न्यायालय की शरण लिये बिना ही विवाह बन्धन से मुक्ति पा सकती है और अब भारत में इसका आमतौर से प्रचलन हो रहा है।[43]

पति के तलाक शक्ति पर तफबीज बाधक नहीं :–

केवल यह तथ्य कि पति ने पत्नी को अपने आपको तलाक देने की शक्ति प्रदान कर रखी है तो स्वयं पति को उसे (पत्नी) को तलाक देने के अधिकार से वंचित नहीं कर सकती है और ना ही पति को यदि वह अपनी पत्नी को तलाक देना चाहे तो कोई बाधा उत्पन्न ना होगी।

4.13 खुला विवाह विच्छेद :–

या

परस्पर सहमति द्वारा विवाह–विच्छेद

भूमिका :–

इस्लाम धर्म के आगमन के पूर्व एक पत्नी को किसी भी आधार पर विवाह–विच्छेद की मांग का अधिकार नहीं था। कुरान द्वारा पहली बार पत्नी को तलाक प्राप्त करने का अधिकार हुआ था। फतवा–ए–आलमगीरी, जो कि भारत में मुसलमानों की मान्यता प्राप्त

---

[43]फौजी : मोहम्मडन ला, पैरा 83 पृ 159

पुस्तक है में कहा गया है कि जब विवाह के पक्षकार राजी हो और इस प्रकार की आशंका हो कि उनका आपस में रहना सम्भव नही है तो पत्नी प्रतिफलस्वरूप कुछ सम्पत्ति पति को वापस करके स्वयं को उसके बन्धन से मुक्त कर सकती है।

अगर पति पत्नी में किसी प्रकार का सम्बन्ध न हो सके तथा पति–पत्नी के बीच उचित सम्बन्ध होने की सम्भावना भी समाप्त हो जाये तो पत्नी अपना धन देकर या मेहर देकर ये कहे के इस धन को लेकर मेरी जान छोड दो और इसके उत्तर में पति कहे कि मैंने अपनी स्त्री को छोड दिया है इस पर तलाक–ए–बाईन हो गयी यदि पति ने उसी जगह बैठे–बैठे उत्तर नहीं दिया बल्कि वहां से उठकर या खडे होकर उत्तर दिया कि मैंने तुम्हे छोड दिया तो इससे कुछ नही होगा प्रश्न उत्तर दोनों एक ही स्थान पर होना चाहिये। इसी प्रक्रिया को खुला कहते हैं।

पुरूष ने कहा मैंने तुम से खुला किया। स्त्री ने कहा मैंने स्वीकार किया तो खुला हो गया हां अगर स्त्री ने उसी स्थान उत्तर न दिया हो, वहां से खडी हो गई हो या स्त्री ने स्वीकार ही नहीं किया हो तो कुछ नहीं हुआ परन्तु अगर स्त्री अपनी स्थान बैठी रही और पुरूष यह कह उठ खडा हुआ और स्त्री ने उसे उठने के बाद स्वीकार कर लिया तब भी खुला हो गया।

पुरूष ने केवल इतना कहा, मैंने तम से खुला किया और स्त्री ने स्वीकार कर लिया और रूपये–पैसे का जिक्र न पुरूष ने किया और न स्त्री ने तब भी जो हक पुरूष का स्त्री पर है और जो हक स्त्री का पुरूष पर है, सब माफ हुआ। अगर पुरूष पर महर बाकी हो तो वह भी माफ हो गया और अगर पुरूष पा चुका है तो खैर अब उसका वापिस देना जरूरी नहीं है।

इद्दत के समाप्त होने तक रोटी—कपडा और रहने का घर देना पडेगा। हां अगर स्त्री ने कह दिया हो कि इद्दत की रोटी—कपडा और रहने का घर भी तुम से न लूंगी तो वह भी माफ हो गया।

और अगर इसके साथ कुछ माल का भी बता दिया जैसे यों कहा सौ रूपये के बदले में मैंने तुम से खुला किया, स्त्री ने स्वीकार कर लिया तो खुला हो गया। अब स्त्री को सौ रूपये देने जरूरी हो गये। अगर स्त्री अपना मेहर पा चुकी हो तब भी सौ रूपये देने पडेंगे और अगर मेहर अभी न पाया हो तब भी देने पडेंगे और मेहर भी न मिलेगा।

खुला में अगर पुरूष की गलती हो तो पुरूष को रूपया और माल लेना, जो मेहर पुरूष के हक है उसके बदले में खुला करना बडा पा है अगर कुछ माल ले लिया तो अपने खर्च में लेना भी पाप है। अगर स्त्री की ही गलती हो तो जितना मेहर दिया है उससे ज्यादा धन नहीं लेना चाहिये उस मेहर ही के बदले मं खुला करने पर भी अगर मेहर से ज्यादा ले लिया तो भी पाप होगा।

स्त्री खुला करने पर तैयार न थी। पुरूष ने उस पर जबरदस्ती की ओर खुला करने पर किया अर्थात् मार पीट की, धमकी दी, तो खुला नहीं हुआ

''नाबालिग लडका और दीवाना पागल व्यक्ति अपनी पत्नी सु खुला नहीं कर सकता।

खुला का अर्थ एवं परिभाषा :—

खुला अथवा विमोचन का शाब्दिक अर्थ है — ''हटाना'' या उतरना खौलना। विधि में इसका अर्थ है — पति द्वारा पत्नी पर अपने अधिकार और प्रभाव या प्रभुत्व का परित्याग करना। पति—पत्नी के मध्य जब कभी भी वोमेनस्थता (Enmity) हो जाये और उन्हें उस डर की आशंका हो कि वे उनके कर्तव्यों को पूर्ण रूप से न कर पाये जिनको कि उन्हें ईश्वरीय

आदेशों के अनुसार करना चाहिये तो पत्नी को चाहिये कि वह पति को धन देकर अपने आपको विवाह बन्धन से मुक्त करा लें। क्योंकि **कुरान में कहा गया है** ''यदि पत्नी कुछ धन पति को देकर अपना पीछा छुडा ले तो इसमें पति या पत्नी को पाप नहीं है।''

(2)   बैली के अनुसार :– ''पति द्वारा पत्नी पर अपने अधिकार और प्रभुत्व को किसी धन के बदले में छोड देना। [1]

(3)   हिदाया के अनुसार :– पत्नी द्वारा अपनी सम्पत्ति से पति को दिये गये मुआवजे के एवज में वैवाहिक बंधन को विच्छेद के प्रयोजनार्थ किया गया यह एक करार है। [2]

अर्थात् विवाह बंधन से मुक्ति पाने के लिए पत्नी यदि कुछ धन पति को दे तो उसे कोई पाप नहीं और न ही उस पति पर ही कोई पाप है जो धन लेकर उसके बदले में पत्नी को विवाह बंधन से स्वतन्त्र करता है। ''खुला'' के मुआवजा (प्रतिफल) स्वरूप धनराशि में कोई भी ऐसी वस्तु दी जा सकती है जो मेहर में दी जा सकती है। मुआवजे की राशि मेहर की न्यूनतम धनराशि से भी कम हो सकती है ''जब पति अपनी पत्नी को मदिरा, सुअर, मृत पशु या तत्सम कोई ऐसी वस्तु जिसका रखना एक मुस्लमान के लिए हराम अवैध हो, के बदले में खुला प्रदान करता है तो अविखण्डनीय विवाह–विच्छेद प्रभावी होता है, किन्तु प्रतिफल अवैध होता है और पत्नी उस वस्तु के बदले में उसका मूल्य या कोई अन्य वस्तु देने के लिए दोषी नहीं है।

खुला में पति को दी जाने वाली सम्पत्ति जब पत्नी के पास हो और पति के हवाले करने से पूर्व ही वह नष्ट हो जाये तत्पश्चात् यह पता चले कि वे अन्य की सम्पत्ति है तो

पत्नी को उसका बाजार–मूल्य चुकाना पडेगा या उन्हीं की तरह की समान वस्तु देना पडेगी क्योंकि खुला को निरस्त नहीं किया जा सकता है।[44]

खुला की ऐतिहासिक पृष्ठभूमि व शरियती महत्व :–

यह ध्यान रखने योग्य है कि इस्लाम पूर्व के विधान में ''खुला'' नहीं था ओर उसका पहली बार आरम्भ मुस्लिम विधि के द्वारा ही हुआ। आजकल भारत में ''खुला'' व मुबारत द्वारा तलाक का दिया जाना काफी महत्वपूर्ण हो गया है।

''खुला'' की वैधता को जानने के सम्बन्ध में जमीला जो कि साबिक बिन कैसे की पत्नी थीं, का वाद विधान का आधार है खुला की वैधता के आधार पर इसे बहुत से हदीसकारों ने इसे प्रतिवेदित किया है। हजरत इमाम बुखारी लिखते है[45] कि एक दिन साबिक बिन केस की पत्नी जमीला, हजरत मुहम्मद के समक्ष प्रस्तुत हुई और निम्नलिखित शब्दों में अपनी शिकायत दर्ज की –

''ऐ अल्लाह के नबी कि कोई भी मेरे (जमीला) और उसके (साबिक बिन कैस) के दिल को एक नहीं कर सकता। एक बार मैंने जब अपना घूँघट (परदा) उठाकर देखा तो साबित कुछ और लोगों के साथ आ रहा था। मैंने देखा कि वह सबसे छोटात्र और सबसे काला और सबसे बुरी शक्ल (सूरत) का था। खुदा कि कसम में उसे इसलिये नापसन्द नहीं करती कि उसकी नैतिकता या यकीन (विश्वास) में कुछ कमी है, मैं तो उससे इसलिये नफरत (घृणा) करती हूँ, कयोंकि वह शक्ल में बहुत बुरा है। खुदा की कसम यदि मुझे अल्लाह का डर न होता तो जब वह मेरे करीब आता मैं उसके मुँह पर थूक देती। ऐ

---

[44]दारूल मुख्तार दयाल स0 248
[45]हजरत इमाम बुखारी : बुखारी हदीस पृ0 356 .

अल्लाह के नबी तुम स्वयं देख सकते हो कि मैं कितनी सुन्दर हूँ और साबिक कितना बदसूरत है। मैं साबिक के किसी धार्मिक व्यवहार को दोषी नहीं ठहराती बल्कि मुझे यह डर है कि मे इस्लाम के आदेश की उत्क्रमण की दोषी हो सकती हूँ।''

अल्लाह के नबी ने उसकी शिकायत सुनी और कहा कि ''क्या तुम साबित के द्वारा दिए गये बाग को वापस कर सकती हो, उसने जवाब दिया (जी हाँ), अल्लाह के नबी मैं इससे भी अधिक देने के लिये तैयार हूँ यदि वह माँगता है। अल्लाह के नबी ने फिर फरमाया (नहीं), नहीं तुम केवल इसे बाग लोटा दो, हजरत मुहम्मद ने आदेश दिया ''साबित'' अपना बाग ले लो और इसे (जमीला) तलाक दे दो।''

इसी प्रकार का एक वाद खिलाफत के समय में भी सामने आया कि बार एक पति–पत्नी हजरत उमर के समने आये उन्होंने स्त्री को फटकार लगायी और सलाह दी कि वह अपने पति के साथ रहे लेकिन उस स्त्री ने मना कर दिया। तत्पश्चात् हजरत उमर ने उस स्त्री को ऐसे कमरे में बन्द कर दिया जो गन्दगी से भरा हुआ था। तीन दिन पश्चात् हजरत उमर ने उस स्त्री से पूछा कि वह कैसी है, इस पर उसने उत्तर दिया कि अल्लाह की कसम कि इन रातों में उसे बहुत सुख मिला यह सुनकर हजरत उमर ने उसके पति से कहा कि इस स्त्री को खुला तलाक दे दो।

इस प्रकार उपरोक्त वादों के आधार ह बात स्पष्ट हो जाती है कि ''खुला'' मोहम्मद साहब व हजरत उमर के द्वारा अपनाई गई प्रक्रिया है और इसका प्रयोग शरियती आधार पर किया जाना उचित है।

खुला के आवश्यक तत्व :–

उपरोक्त दी गई परिभाषा एवं ऐतिहासिक पृष्ठभूमि के आधार यह कहा जा सकता है कि ''खुला'' के द्वारा मान्य तलाक के लिये आवश्यक अपेक्षाएं निम्नलिखित हैं–

(1)   पत्नी की ओर से प्रस्ताव होना आवश्यक है।

(2)   छुटकारे के लिये प्रतिफल (एवज) के बदले में प्रस्ताव की स्वीकृति आवश्यक है।

(3)   प्रस्ताव पति द्वारा स्वीकार किया जाना आवश्यक है अर्थात् पति–पत्नी की आपसी सहमती आवश्यक है।

(4)   प्रतिफल मेहर की राशि से अधिक नहीं हो सकता।[46]

(5)   प्रस्ताव व स्वीकृति एक ही बैठक में होने आवश्यक है।

खुला में प्रतिफल व उसका भुगतान :–

पति द्वारा विमोचन के प्रतिफल के रूप में दी जा सकने वाली सम्पत्ति ऐसी कोई भी वस्तु हो सकती है जो मेहर में दी जा सकती हो, हराम था जिस वस्तु का प्रयोग एक मुसलमान के लिये जायज नहीं है उसको प्रतिफल में नहीं दिया जा सकता है।

यदि पत्नी अपने छुटकारे के लिये प्रतिफल देने की संविदा करके उसे पूरा न करे वो खुला अमान्य नहीं हो जाता है और पति को प्रतिफल का दावा करने का अधिकार प्राप्त हो जाता है। जैसे ही खुला का प्रस्ताव स्वीकार हो जाता है यह एक अनिर्वतनीय (तलाक–उल–बैन) तलाक हो जाती है। पत्नी इद्दत का पालन करने के लिये बाध्य हो जाती है। इद्दत काल का भरण पोषण का भार अब पति नही रह जाता।

---

[46]डा0 आर0 आर0 मोर्य : मुस्लिम विधि 5 स0 पृ0 108

खुला के लिये क्षमता

इस विषय शिया व सुन्नी विधियों में अन्तर है। शिया विधि के अन्तर्गत मान्य तलाक देने के लिये आवश्यक चार शर्तें मान्य खुला के लिये भी अपेक्षित है। (1) वयस्क (बालिग), (2) स्वस्थचित (आकिल), (3) स्वतन्त्र इच्छा वाला (मुख्तार) होना, (4) आशय (कस्द) रखना जरूरी है। सुन्नी विधि के अन्तर्गत केवल दो आवश्यक शर्तें अपेक्षित है। अर्थात् पति का (1) व्यस्क और (2) स्वस्थचित होना आवश्यक है।

4.14 तलाक और खुला में भेद :–

मुंशी बुजुल–उल रहमान बनाम लतिफुन्निशा[1]के वाद में प्रिवी कैंसिल ने तलाक और खुला के अनतर को इन शब्दों में व्यक्त किया है–

''तलाक द्वारा विवाह–विच्छेद पति का एक मनमाना कार्य है और वह जब चाहे, किसी कारण से या अकारण अपनी पत्नी को परित्याग कर सकता है। किन्तु ऐसा करने पर उसे पत्नी को मेहर देनी होती है और साथ ही पत्नी के आभूषण आदि भी उसी पर छोड़ने होंगे।''

खुला द्वारा विवाह–विच्छेद पत्नी की सम्मति और प्रेरणा से होता है जिसमें वह विवाह–बंधन से अपने छूटकारे के लिए पति को कुछ प्रतिफल देती है या देने का करार करती है ऐसी परिस्थिति में सौदे की शर्तें पति–पत्नी में तय की जाती है और पत्नी प्रतिफल के रूप में अपना मेहर या अन्य अधिकार छोड सकती है या पति के लाभार्थ कोई अन्य व्यवस्था कर सकती है।

वर्तमान प्रचलन के अनुसार ऐसा प्रतीत होता है कि पति की एक बार की घोषणा से तलाक द्वारा विवाह–विच्छेद पूर्ण और अविखंडनीय नहीं हो जाता है, किन्तु खुला के द्वारा

विवाह–विच्छेद उसी क्षण से पूर्ण और विखंडनीय हो जाता है जिस क्षण पति अपनी पत्नी को अलग कर देता है और छोड़ देता है।

4.15 मुबारत विवाह – विच्छेद'' :–

'मुबारत' का शाब्दिक अर्थ हे– पारस्परिक छुटकारा मुबारत में प्रस्ताव चाहे पत्नी की ओर से आये या पति की ओर से, उसकी स्वीकृति अनिवर्तनीय तलाक कर देती है और पत्नी को इद्दत काल का पालन करना अनिवार्य है। इस तरह से इसमें पारस्परिक सम्मति का तत्व निहित रहता है।

4.16 खुला और मुबारत में प्रभेद :–

(1) खुला विवाह की संविदा से पत्नी की निर्मुक्ति को कहते हैं और मुबारत विवाह–बन्धन से पारस्परिक मुक्ति को कहा जाता है।

(2) खुला में पत्नी की ओर से प्रस्ताव और पति की ओर से उसकी स्वीकृति होती है। मुबारत में दोनों में से कोई प्रस्ताव कर सकता है और दूसरा उसे अस्वीकार नहीं कर सकता।

(3) खुला में प्रतिफल पत्नी से पति को प्राप्त होता है, किन्तु मुबारत में प्रतिफल का प्रश्न ही नहीं उठता।

(4) खुला में रूची पत्नी की ओर से होती है किन्तु मुबारत में पारस्परिक रूची होती है।

खुला की भांति मुबारत भी एक बार दिये गये अविखण्डनीय तलाक की भांति तुरन्त प्रभावित हो जाती है और किसी का दूसरे पक्षकार के प्रति कोई दावा शेष नहीं रहता है। जब पति अपनी पघ्नी से कहता है ''तुम्हारे ओर मेरे मध्य हुए विवाह से मैं उन्मुक्त हो गया

हूँ'' और इस पर पत्नी अपनी स्वीकृति प्रदान कर देती है तो इसका प्रभाव खुला की तरह ही है अर्थात् दोनों की घोषणा के पश्चात् विवाह, से सम्बन्धित एक दूसरे के दावे समाप्त हो जाते हैं। यह मत है अबू हनीफा का और अबू युसूफ का है।

खुला की भांति मुबारत भी एक बार दिये गये अविखण्डनीय तलाक की भांति तुरन्त प्रभावी हो जाता है। अतएव केवल आपसी समझौता से उनका वैवाहिक सम्बन्ध जुड नहीं जाता है। इसके लिए पुनर्विवाह अत्यन्त आवश्यक है। खुला की तरह मुबारत में भी स्त्री को इद्दत का पालन करना आवश्यक है। जब तक करार द्वारा अन्यथा प्रविधानित न हो इद्दत की अवधि में पत्नी का भरण–पोषण पति द्वारा अवश्यक किया जाना चाहिये।

खुला एवं मुबारत में जो अन्तर बताया गया है उसे फैजी नामक विद्वान ने निम्न प्रकार व्यक्त किया है–

''खुला के मामले में पत्नी स्वतन्त्र होने के लिए निवेदन करती है एवं पति कतिपय प्रतिफल के लिए सहमत हो जाता है। जो प्रायः सम्पूर्ण मेहर का ही एक भाग होता है जबकि मुबारत में दोनों एक दूसरे से स्वतन्त्र होते समय अन्तः कारण से प्रवृत रहते हैं।[47]

(1)   मुबारत के लिए सक्षमता दोनों पति एवं पत्नी

(क)   स्वस्थचित हो, एवं

(ख)   उन्होंने व्यस्कता की आयु को प्राप्त कर ली हो।[48]

(2)   **मुबारत से सम्बन्धी औपचारिकताएं–** इस सम्बन्ध में सुन्नी विधि के अन्तर्गत किसी विशिष्ट विधि की अपेक्षा नहीं है किन्तु दोनों पक्षकारों के मध्य पारस्परिक सहमति एवं

---

[47]फैजी : आउट लाइन्स आर्फ मोहम्मडन लॉ 1974   156
[48]विशेष विवरण हेतु नियम 52 एवं 106 का अवलोकन करें।

सामंजस्य होना चाहिये और प्रस्ताव का संकेत सुस्पष्ट रूप में होना चाहिये।[3] यदि किसी प्रकार भी असंदिग्धता है तो इसे भी सुस्पष्ट होना चाहिये।

किन्तु शिया विधि के अन्तर्गत यथाचित क्रय अपेक्षित होता है। मुबारत की अभिव्यक्ति अरबी भाषा में होनी चाहिये और उसकी अभिव्यक्ति भी सुस्पष्ट होनी चाहिये पारस्परिक सहमति दोनों के मध्य एक ही बैठक में होनी चाहिये और शिया विधि के अनुसार उस समय दो सक्षम गवाहों की उपस्थिति भी आवश्यक है।[49] यदि पति अपनी पत्नी से यह करना पडता है कि ''मैंने तुम्हें वैवाहिक दायित्व से मुक्त कर दिया इसके मैं तुम्हें कुछ देता हूँ और इस प्रकार तुम तुझसे पृथक् होती हो'' तो ऐसी स्थिति में विवाह विघटित हो जायेगा।[50]

सुन्नी विधि के अन्तर्गत जब विवाह के पक्षकार 'मुबारत' में प्रविष्ट होते हैं तो उनसे सम्बन्धित सभी पारस्परिक अधिकार एवं दायित्व समाप्त समझ जाते हैं किन्तु शिया विधि के अन्तर्गत यदि दोनों पक्षकर सद्भाव रूप में आपस में वैवाहिक सम्बन्ध बरकरार पाते हैं तो स्पष्ट आशय के साथ ही विवाह विच्छेद होगा।[51]

अल कर्वा नामक विद्वान के अनुसार–

जब पति पत्नी से कोई क्षतिपूर्ति प्राप्त करता है तो यह तलाक बेन हो जाता है और अब यह बिना प्रतिफल के होता है एवं परिणामस्वरूप यह रजाई होता है (पति की इच्छा पर संशोधित किये जाने योग्य) यदि पत्नी के इद्दत काल में वे उससे क्षतिपूर्ति स्वीकार कर लेते हैं तो उनके मध्य पृथक्करण पूर्णतः बेन हो जायेगा।[52]

---

[49]बेली, द्वितीय : 134
[50]अमीर अली, मोहम्मडन लॉ, द्वितीय 517
[51]फतवा–ए– आलमगीरी : प्रथम : हेदाया
[52]अल कारवा : अमीर अली द्वारा उद्धत 139 मोहम्मडन लॉ 517

मुन्शी बुजुल—उल—रहीम बनाम लतीफन्निस[4] के वाद में तवय यह था कि लतीफुन्निसा ने अपने 26,000 रूपये के मेहर ऋण की वसूली के लिये जो विवाह विच्छेद होने पर देय था। अपने पति मुनी बुजुल उल—रहीम के विरूद्ध एक दावा चौबीस परगना के व्यवहार—न्यायालय में दायर किया। उसने वाद पत्र में अभिकथन किया कि उसे अपीलकर्ता ने तलाक दे दिया था, कि यह दोनों दस्तावेज, जिनसे उसका अपने मेहर ऋण की वसूली के अधिकार अभिव्याग करना आशयित था उसस बलात् या छल से प्राप्त किये गये थे और यह कि इस कारण वे निष्प्रभावी थे और उसके दावे में बाधक नहीं थे।

अपीलकर्ता ने अपने जवाब में उत्तरवादी द्वारा कथित तलाक से इन्कार किया और यह अभिकथन किया कि उत्तरवादी द्वारा दो दस्तावेज लिखे गये थे जिनमें से एक खुलानामा था जिसके द्वारा उसने अपना मेहर ऋण छोड दिया और यह कि उक्त दोनों दस्तावेज उस पर बन्धनकारी है।

निर्णय— यह प्रतीत होता है कि मुस्लिम विधि के अन्तर्गत तलाक या खुला दोनों में से किसी भी रीति से तलाक दिया जा सकता है। तलाक द्वारा विवाह—विच्छेद पति का एक मनमाना कार्य है और वह जब चाहे, किसी कारण से या अकारण ही अपनी पत्नी को अस्वीकार कर सकता है। लेकिन यदि वह यह रास्ता अपनाये तो वह उसके मेहर अन्य आभूषण आदि का देनदार होगा। खुला के द्वारा विवाह विच्छेद पत्नी की सम्पत्ति और प्रेरणा अदा करने की संविदा करती है। सौदे की शर्तें पति—पत्नी के बीच तय की जाती है और पत्नी प्रतिफल के रूप में अपना मेहर या अन्य अधिकार छोड सकती है या पति के लाभ के लिये कोई दूसरा प्रबन्ध कर सकती है।

वर्तमान वाद में पति ने तलाक द्वारा विवाह–विच्छेद से इन्कार करते हुए खुला के द्वारा विवाह–विच्छेद से इन्कार न करके उसी को उसका आधार बनाया है। उसने यह स्पष्ट अभिकथन किया है कि उत्तवादी (Respondent) ने उससे एक खलानामा प्राप्त किया और इद्दत के लिये निर्वाह–वृत्ति लेकर उसे उसकी रसीद दे दी, जिसके बाद उसने माँ की अनुमति से उसके साथ पति का मकान छोडत्र दिया। दोनों पक्षकारों का यह कहना है कि विवाह विच्छेद हो गया। अब प्रश्न केवल यह है कि क्या पति उस प्रतिकर की प्राप्ति के लिये जिसका यह अनुबन्ध करना बताता है, आग्रह कर सकता है। इस बात का उन दस्तावेजों की मान्यता पर निर्भर होना आवश्यक हे जिन्हें उसने उत्तरवादी की मां के विरोध में प्रस्तुत किया है। जब विवाह का विच्छेद स्वीकृत है तो यह प्रमाणित करना अपीलकर्ता का कर्तव्य है कि उत्तरवादी ने उन अधिकारों का, जिनका विवाह–विच्छेद के प्रथमदृष्ट्या (Prima Facie) उद्भव होता है, त्याग कर दिया है और वाद के इस भाग के सम्बन्ध में माननीय न्यायाधीश को कोई संदेश नही था। मामले की सारी वस्तुस्थिति पर विचार करते हुए माननीय न्यायाधीशों को यह दृढ़ विश्वास हो गया कि अपीलकर्ता ने दबाव डालकर सुलहनामा दाखिल किया, क्योंकि वह अपनी पत्नी को छोडना चाहता था। अतएव एक दस्तावेजों का कोई कानूनी प्रभाव नहीं हो सकता अपील खारिज की गयी ओर विचारण न्यायालय के निर्णय की पुष्टि की गयी।

4.17 ट्रिपल तलाक :–

ट्रिपल तालाक को तालाक ई बिद्दत, इंस्टैंट तलाक और तालाक - ए- मुग़लजाह के रूप में भी जाना जाता हैए यह इस्लामिक तलाक का एक रूप है जिसका उपयोग

भारत में मुसलमानों द्वारा किया गया हैए विशेष रूप से हनफ़ी सुन्नी इस्लामिक स्कूलों के न्यायशास्त्र के अनुयायी हैं। यह किसी भी मुस्लिम पुरुषों को मौखिक, वापसी या हाल ही में इलेक्ट्रॉनिक रूप में तीन बार तालाक की ओर शुरू करके अपनी पत्नी को कानूनी रूप से तलाक देने की अनुमति देता है। भारत में ट्रिपल तालक का उपयोग और स्थिति विवाद और बहस का विषय रहा है। बहस में भारत सरकार और भारत के सर्वोच्च न्यायालय शामिल हैं, और भारत में एक समान नागरिक संहिता के बारे में बहस से जुड़ा है। 22 अगस्त 2017 कोए भारतीय सुप्रीम कोर्ट ने तत्काल ट्रिपल तालक को असंवैधानिक ठहराते हुए कहा कि पैनल में पांच में से तीन न्यायाधीशों का मानना है कि ट्रिपल तालाक का अभ्यास असंवैधानिक है। ट्रिपल तालाक मुस्लिम कानून में विवाह विघटन का एक रूप है जहां एक पति एक पंक्ति में तीन बार तलाव शुरू करके अपनी पत्नी को तलाक दे सकता है। पत्नी की उपस्थिति की आवश्यकता नहीं हैए उसे वैध कारण का आकलन किए बिना तालाक दिया जा सकता है। तालाक शब्द का अर्थ मुस्लिम कानून के तहत पति द्वारा विवाह के प्रजनन से है। भारत में प्राचीन काल से ही ट्रिपल तालक की प्रथा चली आ रही है

अब विवाह के तरीकों के चौथे वर्ग पर विचार किया जायेगा, जिसके अन्तर्गत विवाह–विच्छेद के आधारों के रूप में ''इला'' जिहर और लिएन आते हैं। इसके अलावा एक और शीर्षक 'न्यायिक विवाह–विच्छेद' का है, जिसे 1939 में मुस्लिम विवाह–विच्छेद अधिनियम के अन्तर्गत कोई पत्नी प्राप्त कर सकती है। इन सबाक विवरण आगे दिया गया।

4.18 लिएन (व्यभिचार का झूठा आरोप) लिएन क्या है ?

जब कोई पति अपनी पत्नी पर व्यभिचार का आरोप लगाता है किन्तु आरोप झूठा हो, वहां पत्नी का अधिकार हो जाता है कि वह दावा करके विवाह–विच्छेद करा ले। इसके लिये नियमित वाद दायर करना आवश्यक है, क्योंकि आवेदन मात्र उचित प्रक्रिया नही है।

''जब कोई पति अपनी पत्नी पर व्यभिचार का आरोप लगा दे या जो शिशु जन्मा है। उसको कह कि ये मेरा नहीं है, या न जाने किसका है तो इस पर वह स्त्री काजी और शरई हाकिम के पास जाकर फरियाद करे तो हाकिम या काजी दोनों (पति–पत्नी) से शपथ लें, पहले पति इस प्रकार कहलवाये।'' मैं खुदा को गवाह करके कहता हूँ कि जो तोहमत (आरोप) मैंने उसके पत्नी लगाया है उसमें सच्चा हूँ।'' चार बार इसी तरह पति कहे, और पांचवी बार कह के ''यदि मैं झूठा हूँ तो मुझ पर खुदा की लानत हो'' ओर इसके पश्चात् फिर स्त्री कहे कि ''मैं खुदा को गवाह करके कहती हूँकि मेरे पति ने जो आरोप मुझ पर लगाया है वह झूठ है'' इसी तरह से चार बार कहे ओर फिर पांचवी बार कहे कि ''यदि यह आरोप सच्चा हो खुदा का गजब टूटे'' तब हाकिम दोनों में जुदाई करा देगा और तलाके बाईन हो जायेगी और शिशु मां स्त्री के हवाले कर दिया जायेगा इसी प्रक्रिया को लिएन कहते हैं।

लिएन के लक्षण– लिएन के लिए निम्नलिखित लक्षणों का होना या पाया जाना आवश्यक है– (1) व्यस्क और स्वस्थचित पति अपनी (व्यस्क और स्वस्थचित) पत्नी पर परपुरुषगमन का आरोप लगाये या उसके शिशु का पिता होने से इन्कार करे।

(2)   ऐसा आरोप (तोहमत) झूठी हो।

(3)   ऐसाझूठ आरोप स्वतः विवाह का विच्छेद नहीं करता। यह पत्नी को केवल विवाह विच्छेद के लिये कानून कार्यवाही करने का अवसर देता है। डिक्री होने तक विवाह कायम रहता है।

(4)   विवाह–विच्छेद के लिये पत्नी को नियमित वाद दायर करना जरूरी है। आवेदन मात्र काफी नहीं है। यदि विवाह अनियमित हो तो दावा दायर नहीं किया जा सकता है।

(5)   लिएन के आधार पर पृथकरण अनिवर्तनीय होता है।

आरोप का प्रत्याख्यान–

मुस्लिम विधि पुरूष को आरोप वापस लेने की अनुति देती है। किसी घर की बिगाड़ने की कोशिश को समाज बहुत ही निन्दनीय समझता है। आरोप वापस लेने का सिद्धान्त पति को विवाह–विच्छेद के पहले प्रायश्चित प्रकट करने का एक अवसर दे देता है। उसका उद्देश्य पति पत्नी के बीच मेल कराना है।

(1)   आरोप का वापस लेना सद्भावनापूर्ण होना जरूरी है न कि विवाह विच्छेद के वाद की निष्फल करने का उपाय।

(2)   उसका बिना शर्त के होना जरूरी है।

(3)   उसका वाद की सुनवाई के समय था उसके आरम्भ के पहले किया जाना जरूरी है न ही कि साक्ष्य की समाप्ति के बाद।

उदाहरण– पति द्वारा लगाये गये परपुरुषगमन के झूठे आरोप के आधार पर पत्नी में विवाह–विच्छेद का वाद दायर किया। पति ने अपने लिखित कथन में स्पष्ट रूप से व्यक्त किया कि यह आरोप उसने सद्विश्वास से लगाया था, परन्तु यदि न्यायालय द्वारा यह झूठा पाया जाये तो वह उसे वापस लेने और उसके लिये दिल से पश्चाताप् प्रकट करने को तैयार है। यह निर्णीत किया गया कि आरोप वापस लेना पत्नी के वाद को निष्फल बनाने का उपाय मात्र है और उसमें कोई तत्व नहीं है।

अध्याय 5

तलाक (विवाह–विच्छेद) के विभिन्न ढंग

विधिमान्य मुसिलम विवाह का विघटन निम्नलिखित ढंग में किया जा सकता है :

(1)   पक्षकारों में से किसी की मृत्यु द्वारा।

(2)   वयस्क पति द्वारा, जब वह कतिपय स्थिति के अधीन चाहता है।

(3)   युवावस्था के विकल्प के प्रयोग द्वारा, यदि विवाह के समय कोई पक्षकार या दोनों अवयस्क थे।

(4)   पत्नी द्वारा पारस्परिक सम्मति से, उन्मोचन से या करार के आधार पर।

(5)   पति के धर्म त्याग द्वारा और पत्नी के मामले में मुस्लिम विवाह–विघटन अधिनियम, 1939 की धारा 4 के अध्यधीन।

(6)   विवाह के पक्षकारों के बीच कुछ विघमान प्रतिषेध द्वारा।

(7)   पति या पत्नी द्वारा दाखिल वाद से उद्भूत डिक्री द्वारा।

तलाक निम्नलिखित ढंगों में से किसी में किया जा सकता है:–

5.1 मुस्लिम पति अपनी पत्नी को कामाचार और मन की चंचलता के आधार पर तलाक नहीं दे सकता है।

एक मुस्लिम पति कामाचार एवं मन की चंचलता के आधार पर अपनी पत्नी को तलाक नहीं दे सकता। मुस्लिम पति अपनी कामवासना को अन्य स्त्री के साथ तृप्त करने

हेतु अपनी पत्नी को यदि तलाक देता है तो यह अनुचित माना जायेगा क्योंकि यह उचित एवं विधिमान्य नहीं माना जाता है।

साराबाई बनाम रबिया बाई[53] के वाद में उपरोक्त प्रश्न के सन्दर्भ में विचार किया गया और यह अभिनिर्धारित किया गया है कि

''तलाक के लिए विशिष्ट प्रकार का हेतु होना है आवश्यक नहीं, इसके लिए चंचलता मात्र भी पर्याप्त है। यह विधि में अच्छा है किन्तु आध्यात्म विज्ञान की दृष्टि से अनुचित है।''

इस प्रकार हम कह सकते हैं कि उपरोक्त निर्णय मन की चपलता एवं कामवासना को तृप्त करने के लिए भी तलाक को प्रोत्साहित करता है।

आयशा बीवी बनाम कादिर इब्राहीम[54] के वाद में यह अवधारित किया गया कि यद्यपि इस तलाक सम्बन्धी स्वेच्छा की एवं युक्तियुक्त अभ्यास की कुरान में तीखी निन्दा की गयी है और इसको आध्यात्मिक अपराध के तुल्य माना गया है यह विवाह–विच्छेद के विधिक विधिमान्यता को पति द्वारा प्रभावी नही मानता है।

अहमद कासिम मुल्ला बनाम खातून बीवी[55] के वाद में कलकत्ता उच्च न्यायालय ने यह अभिनिर्धारित किया कि कोई भी मुस्लिम पति अपने कामाचार एवं चंचलता के लिए स्त्री को तलाक देकर उसे अपने से पृथक कर सकता है। जबकि इस न्यायालय के एकल न्यायामूर्ति महोदय ने **'ज्यिाउद्दीन अहमद बनाम अनवरी बेगम**[56] के वाद में यह अभिनिर्धारित कियाकि तलाक युक्तियुक्त हेतु के लिए होना चाहिये और इसका अनुचित रूप में अभ्यस

---

[53]ए0 आई0 आर0 30 बोम्बे 537
[54]आई0 एल0 आर0 33 मद्रास 22
[55]आई एल0 आर0 59 कलकत्ता 833
[56]सी0 एल0 आर0 (1981) 358

किया जाना उचित नहीं है। माननीय न्यायमूर्ति महोदय ने अपने विचारों की पुष्टि में पति–पत्नी के मध्य वैवाहिक सम्बन्धों में सामंजस्य सम्बन्धी बात प्रस्तुत की। उन्होंने इस सम्बन्ध में विभिन्न उच्च न्यायालयों के निर्णयों को प्रस्तुत किया और कुरान के आदेशों को भी उद्धृत किया। उन्होंने विभिन्न विद्वानों की धारणाओं एवं कृतियां का भी हवाला दिया।

उक्त विद्वान न्यायमूर्ति के विचार का अनुमोदन कलकत्ता उच्च न्यायालय की खण्डपीठ ने **रूकय्या बनाम अब्दुल खालिक**[57] के निर्णय में किया। मु0 **जोहरा खातून बनाम मोहम्मद इब्राहिम**[2] में माननीय उच्चतम न्यायालय ने निम्नलिखित प्रेक्षण प्रस्तुत किया है।

''इस बात में कोई सन्देह नहीं है कि मुस्लिम विधि में तलाक का सामान्यता रूप तलाक सम्बन्धी एकपक्षीय घोषणा है जो पति द्वारा पत्नी के लिए किया जाता है। यह विशेष रूप से मुस्लिम विधि के अनुसार किया जाता है। अन्य शब्दों में विधि ने पति को एक प्रकार का एकपक्षीय अधिकार प्रदान कर रखा है जिसके अनुसार वह पत्नी को स्वेच्छया तलाक देने के लिए स्वतंत्र है जबकि इस प्रकार की घोषणा अन्य वैयक्तिक विधियों में नही की जाती। हिन्दू विधि एवं पारसी विधि में उक्त प्रकार का कोई घोषणा उपलब्ध नही है। पारसी विवाह एवं तलाक अधिनियम, 1939 कतिपय आधारों पर विवाह–विच्छेद सम्बन्धी विचारों को सीमित रूप में प्रस्तुत करता है जब वे कतिपय आधारों पर पति या पत्नी दोनों में से किसी एक के द्वारा न्यायालय में लाया जाता है।

कुरान के अन्तर्गत विवाह को उस अवस्था के रूप में मान्यता प्रदान की गयी है जिसके अन्तर्गत पति–पत्नी यथासम्भव सामंजस्य बनाये रखे और उसका भरण–पोषण करें।

---

[57]सी एल आर (1981) 375

इस प्रकार यह कहा जा सकता है कि कुरान में विवाह–विच्छेद की निन्दा की गयी है यह उन्हीं मामलों में तलाक को अनुज्ञा प्रदान करता है जिनमें ऐसी अनुज्ञा प्रदान किया जाना सम्यक् होता है। अतः मुस्लिम पति कामाचार एवं चंचलता में पत्नी को तलाक नहीं दे सकता।

5.2 तलाक के विभिन्न तरीके व ढंग (Different modes of Talaq) :–

मुस्लिम विधि के अनुसार तलाक के दो तरीके या ढंग से दिया जा सकता है इसलिए इसको दो माँगो में विभाजित किया जा सकता है।

(क)   तलाक–ए–सुन्नत (Revocable Talaq)

(ख)   तलाक–ए–बिद्त (Irrevocable Talaq)

तलाक–ए–सुन्नत :–

''तलाक–ए–सुन्नत'' को तलाक–उल–सुन्नत या ''तलाक–उल–सुन्ना भी कहा जाता है। यह तलाक परम्परागत ढंग है और पैगम्बर मौहम्मद साहब द्वारा अनुमोदित है, तथा मुस्लिम विधि की सभी शाखाओं और उपशाखाओं द्वारा मान्य और वैद्य है। इसलिये इस ढंग की किसी भी मुस्लिम शाखा या उपशाखा ने अवहेलना नहीं की।

सुन्नत या सुन्ना का अर्थ :–

''परम्परा और विधि अनुसार रीति–रिवाज जिसको प्रारम्भ अवस्था में मुसलमानों द्वारा माना गया और जिसको असहाबा के द्वारा मौहम्मद सहाब को करते हुए देखा गया, जिसको बाद में लिखित करके नियम बना दिये गये वही सुन्ना (सुन्नत) कहलाता है।'' मुस्लिम विधि में ''सुन्नत'' व ''हदीस'' विधि के स्त्रोत माने जाते हैं ''सुन्नत'' शब्द का बहुवचन शब्द

''सुन्ना'' है सुन्ना शब्द से तात्पर्य उन आधारों से हैं जसे मोहम्मद साहब ने सुनकर अपनाया था।

कुरान और हदीस मुस्लिम विधि के मुख्य आधार हैं और ये ही मुस्लिम विधि के ऐतिहासिक या भौतिक स्त्रोत है।

मृत्यु के समय पर **मोहम्मद साहब** ने अपने अन्तिम समय में कहा था –**''मैं तुम्हारे पास दो वस्तुयें छोड़ जाता हूँ। जब तक तुम उन्हें अपनाये रहोगे वे तुम्हें गलती से बचाती रहेगी। ये दोनों वस्तुयें है खुदा की किताब (कुरान) और मेरी सुन्नत''**–

हदीस और सुन्नत कुरान के पाठ को स्पष्ट कर सकते हैं किन्तु उसे सामान्यता निरस्त या उलट नहीं सकते। यह सर्वमान्य सिद्धान्त है कि कुरान के प्राविधान के विरोध में किसी हदीस को मान्यता नहीं दी जा सकती है। पैगम्बर मौहम्मद साहब की विधता हजरत आयेशा ने खलीफा हजरत उमर से यह कहते सुना, कि मोहम्मद साहब ने यह बतलाया था ''मृत सुन सकते हैं'' तो उसने उस हदीस को मिथ्या कहकर अस्वीकार कर दिया क्योंकि यह कुरान की शिक्षाओं के विरोध में है।[58]

इस प्रकार सुन्नतों को तीन वर्षों में विभाजित किया जा सकता है।

(i) सुन्नत–उल–फेल :– वे कार्य जिन्हें मौहम्मद सहब ने स्वयं किया।

(ii) सुन्नत–उल–कौल :– जिन्हें मौहम्मद साहब ने दूसरों से करने को कहा।

(iii) सुन्नत–उल–तकरीर :– जो उनकी उपस्थिति में किया या कहा गया और जिसका उन्होंने विरोध नहीं किया।

---

[58]पी० जी० हयूज : मोहम्मडनिज्म (1894) पृ० 55

अतः उपरोक्त सुन्नतों के विषय एवम् अर्थ जानने के पश्चात् यह कहना उचित ही होगा कि जिन्हें स्वम् मौहम्मद साहब ने अपनाये या जिन्हें मौहम्मद साहब ने दूसरो को करने के आदेश दिये या जो कार्य उनकी उपस्थिति में किये गये तथा उन्होंने उनका विरोध नहीं किया, वही कार्य मुस्लिम विधि अनुसार सही व उचित मार्गदर्शन करा सकते हैं इनके अतिरिक्त जो मौहम्मद साहब द्वारा अनुमोदित कार्य नहीं है या कुरान के विपरीत कार्य हो वो केवल भ्रम उत्पन्न करने के सिवाये और कुछ नहीं कर सकते।

इस प्रकार तलाक–उल–सुन्नत को भी रूपों में दर्शाया गया है जो निम्नलिखित हैं।

(i)   तलाक–ए–अहसान (Most Proper Divorce)

(ii)   तलाक–ए–हसन (Proper divorce)

तलाक–ए–अहसानः–

इस अरबी शब्द का अर्थ है सर्वक्षेषण या विल्सन के मत से अति उत्तम। इससे यह स्पष्ट होता है कि अहसन रीति में दिया गया तलाक सबसे उत्तम तलाक है। अहसन होने के लिए तलाक की कार्यवाही में कुछ शर्तों की पूर्ति करना जरूरी है जो निम्नवत हैं

(क)   पति द्वारा एक ही वाक्य में तलाक की व्यवस्था का उच्चारण करना जरूरी है।

(ख)   स्त्री की तुहर (मासिक धर्म की स्थिति में नहीं) काल में होना जरूरी है।

(ग)   इस इद्दत की अवधि में संभोग से विहत रहना जरूरी है।

इनके अतिरिक्त इस प्रकार के तलाक के लिए निम्नलिखित अर्हताएं हैंः–

(i)   विवाह सम्भोगावस्था में होना चाहिये।

(ii)   एक बार उच्चारित किया गया तलाक इस प्रकार होना चाहिये ''मैंने तुम्हें तलाक दे दिया है।''

(iii)   ऐसा तलाक सम्बन्धी उच्चारण तुहर काल में किया गया होना चाहिये अर्थात् यह मासिक धर्म के शुद्रकाल में होना चाहिये।

(iv)   इस प्रकार के तुहरकाल में किया गया तलाक मौखिक साक्ष्य से भी युक्त होना चाहिये किन्तु यह लिखित तलाक की बाबत लागू नहीं होता है।

(v)   तुहर अर्थात् पवित्रकाल में तलाक की बाबत की गयी घोषणा उस पत्नी के विषय में जिससे मासिककालीन अवधि व्यतीत कर चुकी है अथवा जहाँ कि विवाह के पक्षकारों का एक दूसरे से मिलना सम्भव न हो। अथवा जहाँ विरूद्ध सम्भोगावस्था को प्राप्त हो चुका हो। तो उक्त स्थितियों में तलाक की उद्घोषणा मान्य नहीं होगी।

(vi)   तुहर काल में कोई लैंगिक सम्भोग नहीं होना चाहिये।

(vii)   इद्दत की अवधि में किसी प्रकार का लैंगिक सम्भोग नहीं होना चाहिये। उस स्थिति में जब कि पत्नी गर्भिणी है तो उसके साथ तब तक लैंगिक सम्भोग नहीं किया जाना चाहिये जब तक बच्चा पैदा न हो जाये।

यदि विवाह का समागम नहीं हुआ है तो अहसन रूप से तलाक का उच्चारण पत्नी के मासिक धर्म के समय में किया जा सकता है। जब स्त्री मासिक धर्म के अधीन नहीं है (वृद्धावस्था या किसी अन्य कारण से) अथवा पति–पत्नी एक दूसरे से दूर है तो यह आवश्यक नहीं है कि तलाक का उच्चारण तुह (पाक–अवस्था) की स्थिति में किया जाये। अहसान रीति से दिया गया तलाक इद्दत की अवधि तक निवर्तनीय

होता है। इद्दत की अवधि की समाप्ति के पश्चात् ऐसा तलाक अनिवर्तनीय हो जाता है।

कुरान स्वयं कहता है :–

''और तलाक शुदा स्त्री को तीन मासिक धर्म की अवधि तक प्रतीक्षा करनी चाहिये।'' (2 रू 228)[59]

''और तुम्हारी उन स्त्रियों की जिन पर तुम्हें सन्देह है कि उन्हें मासिक धर्म नहीं होता है तब उनका निर्धारित समय 3 माह है।'' (38 रू 4)[2]

तलाक–उल–हसन :–

---

[59]कुरान शरीफ : 2:228

तलाक–उल–हसन को केवल हसन शब्द से भी निरूपित किया जाता है। अरबी भाषा में ''हसन'' शब्द का अर्थ होता है–''अच्छा'' विल्सन उसका अनुवाद करते हैं– ''उचित'' जैसे कि इन शब्दों से प्रकट होता, है'' ''हसन'' रूप में उच्चारण किया गया तलाक 'अहसन' रूप में उच्चारण किए गये तलाक से कम अनुमोदित है। तलाक–ए–हसन में 'तलाक' शब्द का उच्चारण तीन बार होता है, परन्तु हर उच्चारणरा अलग तुहर में होता है। इसके अतिरिक्त आवश्यक यह भी है कि प्रत्येक उच्चारण उस समय होना चाहिये जबकि उस विशेष तुहर में पति–पत्नी के बीच में सम्भोग न हुआ हो। हसन रूप के तलाक की कार्यवाही में आगे दी गई शर्तें पूरी करना जरूरी है।

(क)   तलाक की शब्दावली या सूत्र (Formul) का कम से कम तीन अलग–अलग तुहर में उच्चारण किया जाना जरूरी है।

(ख)   यदि पत्नी को मासिक धर्म होता तो पहली बार उच्चारण 'तुहर की

हालत में' और तीसरी बार उसके बाद की तुहर की हालत में।

(ग)   यदि पत्नी का मासिक धर्म न होता हो तो उच्चारण तीस दिन के अंतराल पर किया जाना चाहिए।

(घ)   तुहर की इन तीन अवधियों में सम्भोग बिल्कुल न होना चाहिए।

ऐसा तलाक तीसरे उच्चारण के तुरन्त पश्चात् अनिवर्तनीय हो जाता है। उक्त तलाक कुरान की निम्न आयत पर आधारित है –

''तलाक की घोषणा दो बार की जा सकती है, तब तक उन्हें उच्छे साथी की तरह रखो'' (2 रू 229)[60]

''और यदि पति उसे तीसरी बार तलाक देता है तब पत्नी को उसके साथ रहना विधि पूर्ण नहीं है जब तक कि वह किसी दूसरे व्यक्ति से विवाह न करे।'' (2 रू 230)[2]

उदाहरण के लिए यदि कोई अपनी शुद्धकाल (तुहर) की अवधि में है एवं पति के साथ उसका कोई लैगिंग समागम होने के पूर्व पति उसको कहता है ''मैंने तुझको तलाक दे दिया''।

मैंने तुझको तलाक 1 जनवरी, 1993 को दिया यह तलाक सम्बन्धी प्रथम उद्घोषणा है। इस उद्घोषणा के पश्चात्पति पत्नी से लैगिंक सम्भोग सम्बन्ध स्थापित करता है। जब पत्नी तीसरे तुहर काल में प्रवेश करती है तो पत्नी को पुनः 1 अगस्त, 1993 को तलाक सम्बन्धी उक्त प्रकार की उद्घोषणा करता है। अर्थात् इस समय उसने तिहरे तलाक की घोषणा कर दी। दूसरे उद्घोषणा के पश्चात् पति ने उसके साथ लैगिंग समागम सम्बन्धी सम्बन्ध स्थापित किया था। तीसरे उच्चारण या उद्घोषणा के पश्चात् विवाह अप्रतिसंहरणीय रूप में विघटित हो जाता है। ऐसी स्थिति में पक्षकारों के मध्य विवाह उसी दशा में हो सकता है जबकि पत्नी ने किसी से अपना विवाह किया हो और रक्त विवाह में तालक हो गया हो।

5.3 पत्नी को तलाक के समय तुहर काल (पवित्र काल) में होना चाहिए :–

तलाक सम्बन्धी सामान्य प्रतिक्रिया में केवल निम्न बातें शर्त रूप में होती हैं–

(क) दो मुस्लिम पुरूष जो प्रौढ है उनकी उपस्थिति हो,

(ख) पति द्वारा उनकी उपस्थिति में तलाक दिया गया हो।

इसके अलावा ऐसी कोई शर्त नहीं अधिक्षेपित की गयी है जो तलाक सम्बन्धी मान्यताओं को प्रभावित करे अथवा जो तलाक सम्बन्धी बातों पर किसी प्रकार का प्रतिबन्ध लगाये।

ताहिर महमूद ने अपनी प्रमुख कृति "द मुस्लिम लॉ इन इण्डिया" में लिखा है कि "हमें ऐसा कोई शर्त नहीं दिखाई पड़ती है जो पूर्व निर्णय स्वरूप हो एवं जो तलाक को प्रभावी कर सके।

तलाक का हसन रूप अधिकांश मामलों में अहसान रूप की शब्दावली से मिलता–जुलता है। अहसान रूप में दिये गये तलाक में जब पत्नी इद्दत काल में होती है और तलाक को विखंडित (रद्द) कर दिया जाता है, और उसे पुनः घोषित किया जाता है तो यह इद्दत काल के दौरान में तलाक के सिवाय कुछ नहीं हुआ, या वह "तलाक पर तलाक" है और शिया विधिशास्त्री "तलाक–उ–इद्दत" अर्थात् इद्दत के काल इसे ठीक ही कहते हैं।

5.4 तलाक–उल–बिद्दत

इसे तलाक–उल–बैन के नाम से भी जाना जाता है। यह तलाक का निन्दित या पापमय रूप है। विधि की कठोरता से बचने के लिए तलाक की यह अनियमित रीति ओमादिय लोगों ने हिजा की दूसरी शताब्दी में जारी की थी। शाफई और हनफी विधियाँ तलाक–उल–बिद्दत को मान्यता देती है यद्यपि वे उसे पापमय समझते हैं। शिया और मलिकी

विधिशास्त्री तलाक के इस रूप को मान्यता ही नहीं देते। तलाक की यह रीति नीचे लिखी बातों की अपेक्षा करती है।

इस तलाक की आवश्यक शर्तें

(i)   एक ही तुह के दौरान किये गये उच्चारण, चाहे ये उच्चारण एक ही वाक्य में हो – ''जैसे– मैं तुम्हें तीन बार तलाक देता हूँ।'' अथवा चाहे ये उच्चारण तीन वाक्यों में हो जैसे ''मैं तुम्हें तलाक देता हूँ मैं तुम्हें तलाक देता हूँ ।

(ii)   एक ही तुह के दौरान किया गया एक ही उच्चारण, जिससे अनिवर्तनीय (रद्द न हो सकने वाला) विवाह–विच्छेद करने का आशय साफ प्रकट हो, जैसे–मैं तुम्हें अनिवर्तनीय रूप में तलाक देता हूँ।

एक तलाक की खास बात यह है कि इसे रद्द नहीं किया जा सकता है। किसी तुहर–काल में तलाक की तीन घोषणायें या तो एक वाक्य में जैसे–''मैं तुम्हें तीन बार तलाक देता हूँ। ''या तीन वाक्यों में – ''मैं तुम्हें तलाक देता हूँ मैं तुम्हें तलाक देता हूँ मैं तुम्हें तलाक देता हूँ'' किन्तु तलाक–ए–बिद्दत का यह आवश्यक तत्व नहीं है कि उसे तीन बार दोहराया जाय वरन् आवश्यक यह है कि तलाक अविखंडनीयता ऐसे वाक्यों से भी प्रकट हो सकती है। जैसे–मैंने तुम्हें तलाक–उल–बैन से तलाक दे दिया है। यहाँ ''बैन'' शब्द का प्रयोग यह आशय प्रकट करता है कि तलाक अविखंडनीय है। **शेख फजलुर बनाम मुसम्मात**

आयेशा[61] के वाद में पटना उच्च न्यायालय में निर्णीत किया कि तलाक की तीन बार घोषणा मान्य है।

चाहे भले ही पत्नी उस समय मासिक धर्म में रही हो। हिदाया में यह वर्णित है कि –

"यदि कोई पुरूष अपनी पत्नी को उस समय तलाक दे जब वह मासिक धर्म में हो तो तलाक मान्य है क्योंकि यद्यपि मासिक धर्म के दौरान दिया गया तलाक निन्दित है यद्यपि यह वैद्य है। इसे निन्दित किसी और कारण से नहीं कहा गया है वरन् इस कारण से कि ऐसी दशा में इद्दत काल की गणना में गड़बड़ी होती है और इसी कारण से इसे निषिद्ध किया गया है किन्तु जब माकिस धर्म की अवस्था में तलाक दिया जाता है तो तलाक की वैद्यता पर कोई प्रभाव नहीं पडता है। और यह मान्य होता है।

जब तक कि शब्दों से किसी भिन्न आशय का बोध न हो तब तक लिखित रूप में दिया गया तलाक अविखंडनीय (बैन) तलाक माना जाता है और यह उसी क्षण से प्रभावी हो जाता है। जब उस तलाक का निष्पादन किया गया।

तलाक – ए – बिद्दत के परिणाम निम्नलिखित होते हैं :–

(1)   विवाह बंधन समाप्त हो जाता है।

(2)   पारस्परिक उत्तराधिकार प्राप्त करने का अधिकार तुरन्त समाप्त हो जाता है। इसका अपवाद केवल उस दशा में है जब तलाक की घोषणा पति के मरणासन्न रोग के दौरान की गई हो और पति की मृत्यु पत्नी के इद्दत काल की समाप्ति के पूर्व ही हो गई हो तो पत्नी एक विधवा की हैसियत से उत्तराधिकारी प्राप्त करेगी।

---

[61] आ0 इ0 रि0 1929 पन्ना 81

(3)   यदि तीन बार दिया गया तलाक का मामला नहीं है तो पक्षकार चाहे तो एक दूसरे से पुनर्विवाह कर सकते हैं किन्तु तीन बार दिये गये तलाक की दशा में पति उस स्त्री से पुनः विवाह नहीं कर सकता जब तक कि वह स्त्री किसी अन्य पति से विवाह न करे और वह पति विवाह सम्भोग कर उसे पुनः तलाक न दे दे। कुरान में ऐसा कहा गया है कि ––

"फइन तल्लकहा फल तहिल्लु लहू मिम् बाद हत्ता तन्किह जौजन गैरह"

अर्थात् पति ने पत्नी को यदि तिबारा (तीन बार) तलाक दे दिया है तो पत्पश्चात जब तक वह स्त्री दूसरे पुरुष के संग विवाह न कर ले तब तक वह स्त्री उस पति के लिए जायज नहीं बन सकती। हाँ यदि दूसरा पति (विवाह सम्भोग करके) उसको तलाक दे तो दोनों पर कुछ पाप नहीं कि वे एक दूसरे के विवाह बन्धन में पुनः बंध जायें। इसी प्रक्रिया को हलाला कहते हैं।

इसी प्रकार एक मुस्लिम धर्म गुरू द्वारा अपनी पुस्तक में कहा गया है– एक तो ऐसी तलाक जिसमें विवाह बिल्कुल टूट जाता है। अब निकाह किए बिना उस पति के पास रहना जायज नहीं। अगर फिर उसी के पास रहना चाहे और पति भी उसको रखने पर राजी हो तो फिर से विवाह करना पड़ेगा। ऐसी तलाक को बाइन तलाक कहते हैं।

''तीन बार तलाक'' दी गई स्त्री से किया गया विवाह शून्य होता है जब तक कि वह स्त्री किसी अन्य पुरुष से विवाह न करे और वह पति उसे तलाक न दे दे। किसी बच्चे को अपनी धर्मज सन्तान की अभिस्वीकृति से विधि यह उपधारणा करती है कि उस पुरुष का बच्चे की माँ से मान्य विवाह हुआ था, किन्तु विवाह की उपधारणा तीन बार तलाकशुदा व्यक्तियों पर लागू नहीं होती जब तक कि यह सिद्ध न किया जाए कि स्त्री से अन्य पुरुष

ने विवाह किया था और उस अन्य पुरुष से विवाह सम्भोग के पश्चात उसे तलाक दे दिया था।

चर्चा समाप्त करते हुए यह कहा जा सकता है कि पाक कुरान तलाक देने की अवधि को बताता है तथा यह जोर देकर कहता है कि विवाहित पक्षकारी के बीच निश्चित समय सीमा समाप्त होने से पहले सुलह की सभी कोशिश अथवा प्रयत्न कर लेना चाहिए। जल्दी में की गयी कार्यवाही एवं सुलह की बहुत से दरवाजे खुले छोड़कर तलाक देना इस्लाम के विरुद्ध है। तलाक देने की सही विधि वह है जो कि कुरान और हदीस में दर्शायी गयी है। जिसे की अगर तलाक देना अति आवश्यक हो जाए तब तलाक उस अवधि में देना चाहिए जबकि पत्नी अपने मासिक धर्म से फुरसत ले ले, और पवित्र अवस्था में हो। अपवित्र अवस्था में तलाक देना विधि विरुद्ध है। पति को चाहिए कि वह तलाक देने से पहले उसके पवित्र होने की प्रतिज्ञा करे ओर उसके पश्चात तलाक देकर पत्नी को इद्दत पूरी करने के लिए छोड़ दे।

प्रो0 ताहिर महमूद ने कुरान में तलाक देने की प्रक्रिया को निम्न शब्दों में वर्णित किया है। इस्लामिक विधि पति से कहते है –

(अ)   तलाक अल्लाह के समक्ष सभी अनुज्ञा प्राप्त चीजों में सबसे बुरी है। इसलिए अगर हो सके तो तलाक न दो परन्तु यदि तलाक देना अति आवश्यक हो जाये जब –

पत्नी के तुहर की अवधि में आने तक उसका इन्तजार करो (यह दर्शाता है कि तुमने जल्दी में कोई कार्य नहीं किया), इस अवस्था में पत्नी को तलाक दो और इसे अप्रतिसंहरणीय न बनाओ (शब्दों द्वारा)

(1)   यदि सम्भव हो तो पत्नी की इद्दत पूरी होने से पहले इसे तोड दो

(2) यदि आपने अपने तलाक देने की शक्ति का प्रयोग इस तरह किया है तो यह तरीका सबसे बेहतर है।

(3) यदि आप इद्दत की अवधि पूरी होने से पहले तलाक नहीं तोड़ते है तो विवाह–विच्छेद माना जायेगा।

(4) अब आप ऐसी तलाक को अपनी खुशी से नहीं तोड सकते परन्तु इद्दत की अवधि गुजरने के पश्चात उसी स्त्री से उसकी सहमति के साथ पुनर्विवाह कर सकते हैं।

(ब) यदि आप पहली बार दी गयी तलाक को प्रति संहरणित (तोडना) कर देते है तो दोबारा तलाक कभी मत दो क्योंकि अल्लाह के समक्ष यह सबसे बुरी चीज है। फिर भी यदि दुबारा तलाक देना अति आवश्यक हो जायेतो–

(1) तब तक तलाक न दो जब तक कि आपकी पत्नी फिर मासिक धर्म से पाक न हो जाए।

(2) तब इस तुहर अवधि में तलाक दो।

(3) अपने शब्दों द्वारा इस तलाक को अप्रतिसंहरणीय न बनाओ।

(4) पत्नी की इद्दत की अवधि समाप्त होने से पहले इस दूसरे तलाक को तोड़ने की कोशिश करो।

(5) यदि इस इद्दत की अवधि में तुम तलाक नहीं तोड पाते तो विवाह फिर विच्छेद हो जायेगा।

जैसा की पहले तुमने देखा अब फिर ऐसी तलाक को तुम अपनी मर्जी से नहीं तोड़ सकते, लेकिन इद्दत की अवधि समाप्त होने के पश्चात आप उस स्त्री से उसकी सहमति से पुनर्विवाह कर सकते हो।

(स)	यदि आप दुबारा दी गयी तलाक को तोड़ने में सफल हो जाते हो तब फिर कभी तलाक मत दो क्योंकि अल्लाह के नजदीक यह सबसे बुरी चीज है। परन्तु एक बार फिर जब तलाक देना अति आवश्यक हो जाये तब –

(1)	तब तक इंतजार करो जब तक कि एक बार फिर आप की पत्नी मासिक धर्म से पाक न हो जाए (यह आपकी शान्तिपर्वूक सोचने का एक और मौका होगा)

(2)	याद रखो कि यदि आपने तीसरी बार तलाक दिया तो इसका प्रतिसंहरण नहीं हो सकता और तुम उस तलाकशुदा पत्नी से कभी विवाह नहीं कर सकते और यदि तुम विवाह करना चाहोगे तो तुम्हे दण्ड का भुगतान करना होगा। और इस दण्ड को तुम कभी भी पसंद नहीं करोगे। कि तुम्हारी पत्नी किसी दूसरे पति के बिस्तर पर हो। इस दण्ड को हलाला के नाम से जाना जाता है।

(3)	जैसे ही तुम तलाक देते हो विवाह तुरन्त विच्छेद हो जाता है।

(4)	यदि तुमने अपनी तलाक देने की शक्ति का प्रयोग इस तरह किया है तब भी यह तरीका अच्छा है।

''अब आप अपनी इस तलाकशुदा पत्नी से तुरन्त विवाह नहीं कर सकते। यदि आप विवाह करना चाहते हैं तब तुमको ''हलाला'' की विधि अपनानी होगी। यदि तुमने हलाला की इस विधि में अपनी पत्नी के साथ कोई सांठ गांठ की तो ऐसा विवाह निष्प्रभावी होगा।

''इस्लाम में तलाक देने की यह साधारण सी विधि है परन्तु अधिकतर मुसलमान जिहालत के कारण इसे समझ नहीं पाये हैं।''

इस विषय पर मौलाना सुलैमान मेरठी (अध्यक्ष जमाअत अहलैहदीस व एजुकेशन सोसाईटी) मेरठ ने अपनी पुस्तक ''तीन तलाक पर बहुत बल दिया और कुरान हदीसों के प्रकाश में सही मार्गदर्शन करने का प्रयास किया। उन्होंने कहा कि इस्लाम में तलाक एक जायज परन्तु घृणास्पद है। क्योंकि इसी के कारण स्त्री व पुरूष (पति पत्नी) के सम्बन्ध विच्छेद होते हैं तथा उनसे प्राप्त होने वाली सन्तानों को भी माता – पिता के बिछुड़ने से असहनीय संकटो से गुजरना पड़ता है। परन्तु कभी कभी ऐसे भी अवसर व समस्यायें भी उत्पन्न हो जाती हैं जिनमें विवाह विच्छेद ही एक मात्र रास्ता रह जाता है। उसके बिना जीवन एक बहुत ही निर्दय हो जाता है।

अधिकतर मुसलमान में जिस तलाक–उल–बिद्त का प्रयोग अधिकतर किया है तलाक उल विद्दत का हदीसों व पवित्र कुरान में प्रमाण नहीं मिलता है फिर भी भारत के मुस्लमान इस घृणास्पद तलाक का प्रयोग करके एक नये विषय को उदय करते हैं तथा इसके पश्चात जब वह अपनी पत्नी को अपने विवाह में रखना चाहते हैं तो इस पर वो ''हलाला'' की प्रक्रिया को अपनाते हैं जो शरई (विधिवत) नहीं मानी गयी, अल्लाह और मौहम्मद साहब ने भी इससे बचने का आदेश दिया है जिसका विस्तार आगे बताया जायेगा।

ट्रिपल तलाक बिल अंततः राज्यसभा से मंजूर

सरकार ने शुक्रवार को लोकसभा में एक ताजा ट्रिपल बिल पेश किया जिसमें विपक्षी सदस्यों द्वारा किए गए विरोध प्रदर्शनों का विरोध किया गया, जिसमें दावा किया गया कि यह संविधान का उल्लंघन है। मुस्लिम महिला (विवाह पर अधिकारों का संरक्षण) विधेयक 2019, कानून मंत्री रविशंकर प्रसाद द्वारा अपने दूसरे कार्यकाल में नरेंद्र मोदी द्वारा संसद में पेश किए

जाने वाला पहला कानून बन गयाए जिसमें कानून को लैंगिक समानता और न्याय के लिए एक कानून बताया गया था। 186 सदस्यों के समर्थन और 74 सदस्यों ने इसका विरोध करते हुए वॉट्स के विभाजन के बाद बिल पेश किया गया था। यह बिल पहले दिसंबर 2017 में पेश किया गया थाए लेकिन पिछले महीने 16 वीं लोकसभा के समाधान के कारण पिछले बिल को पारित कर दिया गया था क्योंकि यह राज्यसभा में लंबित था। सरकार ने सितंबर 2018 में दो बार ट्रिपल तालक पर अध्यादेश का प्रारूप तैयार किया था और जनवरी 2019 में राज्यसभा में लगातार बिल खड़े होते रहेए हालांकि यह लोकसभा द्वारा पारित किया गया था। विधेयक में तात्कालिक ट्रिपल तलाक की प्रथा को दंडनीय अपराध बनाने का प्रस्ताव है ।१३३

क्या मुद्दा है सब के बारे में - एक संक्षिप्त इतिहास

यह मामला 2016 का है जब सर्वोच्च न्यायालय ने तत्कालीन अटॉर्नी जनरल मुकुल रोहतगी से "ट्रिपल तलाक", "निकाह हलाला" और "बहुविवाह" की संवैधानिक वैधता को चुनौती देने वाली दलीलों पर सहायक की मांग की थी ताकि यह आकलन किया जा सके कि मुस्लिम महिलाओं में लैंगिक भेदभाव है या नहीं तलाक का मामला।

ट्रिपल तलाक की प्रथा का विरोध करते हुएए केंद्र ने शीर्ष अदालत को बताया कि लैंगिक समानता और धर्मनिरपेक्षता के आधार पर इन प्रथाओं पर ध्यान देने की आवश्यकता है। सर्वोच्च न्यायालय ने बाद में सुनवाई और विचार-विमर्श करने के लिए पांच न्यायाधीशों की

संविधान पीठ के गठन की घोषणा की। ट्रिपल तालकए ॐ निकाह हलाला "और बहुविवाह प्रथा के खिलाफ चुनौतियां। मार्च 2017 को मुद्दा और राजनीतिक गति जब ऑल इंडिया मुस्लिम पर्सनल लॉ बोर्ड ने सर्वोच्च न्यायालय को न्यायपालिका के दायरे के बाहर ट्रिपल तलाक फॉल्स के मुद्दे को बताया और इन मुद्दों को न्यायालय द्वारा नहीं छुआ जाना चाहिए।

हालाँकि, 22 अगस्त को सर्वोच्च न्यायालय ने पुरानी पुरानी प्रथा को समाप्त कर दिया 133 http; // www.insightsonindia। कॉमतत्काल ट्रिपल तालक ने कहा कि यह भारतीय संविधान के अनुच्छेद 14 और 21 का उल्लंघन है।

इस संबंध में एक बिल-

सितंबर में, सरकार ने संसद में मुस्लिम महिलाओं (विवाह पर अधिकारों का संरक्षण) बिल का प्रस्ताव किया है और ट्रिपल तालाक को कानून के तहत दंडनीय अपराध बनाने के लिए स्रोत बनाया है। सबसे पहलेए बिल को लोकसभा में पारित किया गया थाए लेकिन यह राज्यसभा में बहुमत हासिल करने में विफल रहा। संसद के शीतकालीन सत्र में विधेयक को स्थगित कर दिया गया थाए क्योंकि विपक्ष द्वारा राज्यसभा के विधायक के विरोध में विधेयक को मंजूरी देने में विफल होने के बाद सरकार द्वारा एक अध्यादेश जारी किया गया था।

5.5 तलाक—उल—सुन्नत और तलाक—उल—बिद्दत में अन्तर :–

तलाकों में मुख्य रूप में तीन अन्तर है :–

(1)   तलाक–ए–सुन्नत, सुन्ना के अनुरूप माना जाता है अर्थात पैगम्बर मौहम्मद को रूढियों ओर आचरणों को समनुरूप किन्तु तलाक–ए–बिद्दत एक दोषपूर्ण तरीका है तथा मुस्लिम अध्यात्मवाद के अनुसार निन्दनीय होने के बावजूद भी कानून की निगाहों में वैध और मान्य है।

(2)   तलाक–ए–सुन्नत कुछ समय तक विखण्डनीय होता है। परन्तु तलाक–ए–बिद्दत परन्तु अविखण्डनीय हो जाता है।

(3)   तलाक–ए–सुन्नत की मान्यता सुन्नी विधि और शिया विधि दोनों मे है, किन्तु शिया तलाक–ए–बिद्दत को मान्यता नहीं प्रदान करता।

अध्याय 6

तलाक के विधिक परिणाम

(LEGAL EFECTS OF TALAQ)

तलाक किसी भी तरीके से दिया गया हो उसके पूरा हो जाने पर पक्षकारों के अधिकारों और दायित्वों पर निम्नलिखित विधिक परिणाम होते हैं:–

(1)   दूसरा विवाह करने का अधिकार :–

दम्पत्ति दूसरा विवाह करने के हकदार हो जाते हैं। यदि विवाह का सम्भोग हो चुका है। तो स्त्री इद्दत की अवधि समाप्त होने पर दूसरे पुरूष से विवाह कर सकती है। यदि विवाह का सम्भोग न हुआ हो तो वह तुरन्त विवाह कर सकती है। यदि विवाह का सम्भोग हो चुका हो और तलाक की तारीख पर तलाक दी हुई पत्नी को मिलकर पति के चार पत्नियाँ रही हो, तो वह पति तलाकशुदा पत्नी की इद्दत की अवधि पूरी हो जाने पर दूसरी पत्नी से विवाह कर सकता है इद्दत की अवधि समाप्त होने के पूर्व नहीं।

(2)   मेहर तत्काल देय हो जाता है :–

मेहर तुरन्त देय हो जाता है। यदि विवाह सम्भोग हो गया था तो पत्नी सम्पूर्ण अदत्त मेहर चाहे तुरन्त देय (मुअज्जल) हो या स्थगित (वज्जल) के तत्काल भुगतान की हकदार हो जाती है। यदि विवाह का सम्भोग नहीं हुआ है और संविदा में मेहर की धनराशि निश्चित

थी तो वह आधे मेहर की हकदार होती है। यदि विवाह संविदा में किसी धनराशि का उल्लेख नहीं है तो वह केवल उपहार ही पाने की हकदार है।

मुस्लिम विवाह— विच्छेद अधिनियम 1939 की धारा 5 प्रविधानित करती है कि इस अधिनियम में विहित किसी भी बात का किसी विवाहित स्त्री के मुस्लिम विधि के अन्तर्गत मेहर या उसके किसी अंश से सम्बद्ध अधिकार पर विवाह–विच्छेद होने से कोई प्रभाव नहीं होता है।

(3) पारस्परिक उत्तराधिकारी की समाप्ति :–

विवाह–विच्छेद जब तक अरिनवर्तनीय न हो जाए, दोनों में से कोई दम्पत्ति एक दूसरे से उत्तराधिकार पाने का हकदार रहता है। विवाह–विच्छेद के अनिवर्तनीय होते ही उत्तराधिकार का पारस्परिक अधिकार तत्काल समाप्त हो जाता है। परन्तु यदि पति ने मृत्युदायी रोग में पत्नी को तलाक दिया हो तो पत्नी के उत्तराधिकार का अधिकार उसकी इद्दत के खत्म होने तक रहता है। परन्तु यदि पति ने अनुरोध पर मृत्युरोग की अवस्था में उसे तलाक दिया हो, तो पत्नी उसकी मृत्यु के पश्चात इद्दत काल में भी उत्तराधिकार नहीं प्राप्त कर सकती है।

(4) सम्भोग अवैध हो जाता है :–

विवाह— विच्छेद अनिवर्तनीय हो जाने पर तलाकशुद्धा दम्पत्ति के बीच सम्भोग अवैध हो जाता है। ऐसे सम्भोग की सन्तान अधर्मज होती है और स्वीकृति के द्वारा धर्मज नहीं बनायी जा सकती। इस विषय पर उच्चतम न्यायालय द्वारा निर्णित वाद में बताया गया कि विवाह–विच्छेद हो जाने पर जिसकी पुष्टि हो गयी थी तथा निर्णित किया गया कि तलाक मान्य था। उसके बाद पत्नी व पति दोनों पक्षकार एक साथ रहे तथा पति पत्नी जैसा बर्ताव

भी किया और सन्तान उत्पन्न होने पर पति द्वारा स्वीकार भी कर लिया गया परन्तु इस सम्भोग को अवैध ठहराया गया।

(5)   भरण–पोषण का अधिकार :–

इद्दत की अवधि में पत्नी भरण–पोषण की अधिकार रखती है किन्तु पति की मृत्यु के कारण विवाह विच्छेद हो जाने पर भरण पोषण का अधिकार नहीं रखती इस पर उच्चतम न्यायालय ने **मौहम्मद अहमद खाँ बनाम शाहबानो** के बाद में यह निर्णीत किया कि तलाक के पश्चात औरत को गुजारे की रकम दी जाये। यदि औरत के पास इतना धन या सम्पत्ति नहीं है कि वह उससे अपना गुजारा कर सके तथा पति इस लायक है कि वह अपनी तलाकश्युदा पत्नी को गुजारा दे सकता है बशर्ते कि औरत अपना पुनर्विवाह किसी अन्य पुरुष से न करे। इसके समर्थन में उच्च तम न्यायालय ने कुरान शरीफ के अध्याय दो के आयत 241 और 242 के उद्धत किया –

पवित्र कुरान में इस प्रकार है।

आयत 241 अरबी	हिन्दी अनुवाद
''व लिल्मुतल्लकाति	तलाकशुदा पत्नी के लिए
स्ताअुल	भरण पोषण (अवश्य दिया जाए)
विलमारूफ़	उचित दर पर
तू हुक्कन अल्ल मुत्तकीन	सच्चे मार्ग पर चलने वालों का यह कर्तव्य है।

आयात 242

कजालिक युवैम्यिनुल्लाह   इस प्रकार से अल्लाह

लकुम आयातिह   फर्माता है तुम लोगो को

लअल्लकुम् ताकिलून   अपने हुक्मों को खोलकर ताकि तुम

                                  समझों।

उच्चतम न्यायालय ने कहा कि कुरान शरीफ की इन दोनो आयतों में संदेह की गुंजाइश नहीं है कि यह देवी पुस्तक मुसलमान पति दायित्व प्रदान करती है कि वे अपनी तलाकशुदा पत्नी को भरण पोषण दे या उसके गुजारे की व्यवस्था करे। परन्तु इस निर्णय के पश्चात माननीय सर्वोच्च न्यायालय **ने डेनियल लतीफी बनाम यूनियन ऑफ इण्डिया** के केस में मत व्यक्त करके स्पष्ट किया कि अवधि के पश्चात मुस्लिम महिला (विवाह विच्छेद अधिकारी का संरक्षण) अधिनियम की धारा 3 (1) (क) के अधीन सीमित नहीं है। तलाकशुदा मुस्लिम महिला जिसने पूर्वपति से तलाक लेने के पश्चात पुनर्विवाह नहीं किया हो तथा स्वयं का भरण पोषण करने में असमर्थ है तो इद्दत की अवधि समाप्ति के पश्चात उपरोक्त अधिनियम की धारा 4 के अन्तर्गत अपने सम्बन्धियों (माता पिता या बच्चों) से प्राप्त कर सकती है यदि उसके सम्बन्धीकरण ऐसी मुसलम महिला का भरण पोषण करने में सक्षम नहीं है तो महिला के प्रार्थना पत्र पर मजिस्ट्रेट राज्य बोर्ड को आदेशित करेगा कि उसे गुजारा भत्ता प्रदान किया जाए। साथ ही न्यायाल ने स्पष्ट करते हुए कहा कि उपरोक्त अधिनियम (धारा 3 एवं 4) के प्रविधान 405 दण्ड प्रक्रिया संहिता की धारा 125 भारतीय संविधान के अनुच्छेद 14,15 एवं 21 का उल्लंघन नहीं करता है।

(6)   तलाकशुदा दम्पत्ति का पुनर्विवाह :–

जब किसी पति ने तीन बार तलाक शब्द का उच्चारण करके अपनी पत्नी को अस्वीकार कर दिया हो तो उसे फिर विवाह करना उसके लिए तब तक वैध नहीं होता जब तक वह स्त्री इद्दत का पालन करके किसी अन्य पुरुष से विवाह करके समागम के उपरान्त उससे विवाह–विच्छेद न पा लिया हो या विवाह के वास्तविक रूप से पूर्णता प्राप्त कर लेने पर वह मर गया हो और पत्नी ने इस बार फिर इद्दत का पालन न किया हो। धर्मजत्व की अभिस्वीकृति से उद्भव होने वाली विवाह की उपधारणा तलाकशुदा दम्पत्ति के पुनर्विवाह पर लागू नहीं होता, जब तक कि एक मध्यवर्ती (बीच में) विवाह फिर वास्तविक पूर्णता प्राप्त होने पर विवाह– विच्छेद और फिर इद्दत का पालन प्रमाणित करके तलाकजनित पुनर्विवाह का अवरोध दूर होना न सिद्ध किया जाए। यदि तलाकशुदा दम्पत्ति का पुनर्विवाह प्रमाणित भी कर दिया जाए तो भी जब रोधनिवारण का सबूत न मिले वह मान्य नहीं होता। केवल यह तथ्य कि पक्षकारों ने पुनः विवाह कर लिया है। उपर्युक्त शर्तों के पूरी हो जाने की उपधारणा नहीं उत्पन्न करता। उपर्युक्त शर्तों को पूरी किये बिना विवाह अनियमित होता है। शून्य नहीं।

रशीद अहमद बनाम अनीसा खातून एक हनफी मुसलमान ने एक ही सांस में तीन बार उच्चारण करके कि मैं तुम्हे तलाक देता हूँ मैं तुमहें तलाक देता हूँ, मैं तुम्हें तलाक देता हूँ'' अपनी पत्नी को अस्वीकार किया। उसे बाद दोनों पक्षकार साथ–साथ रहे और उनके पाँच बच्चे भी हुए जिनके धर्मजत्व (वैधता) को पिता ने स्वीकार किया। उसके मर जाने के बाद बच्चों ने उत्तराधिकारियों की हैसियत से उसकी सम्पत्ति में अपने अपने हिस्सों का दावा पेश किया। यह साबित नहीं किया गया कि पक्षकारों में पुनः विवाह हुआ था, लेकिन धर्मजत्व की अभिस्वीकृति के आधार पर न्यायालय से उसकी उपधारणा करने का अनुरोध

किया गया। निर्णय में कहा गया कि धर्मजत्व की अभिस्वीकृति से निसन्देह विवाह की उपधारणा उत्पन्न होती है लेकिन केवल उस स्थिति में जब विवाह में कोई अवरोध न हो। इस मामले में ऐसा अवरोध है जो तलाक से उद्भूत हुआ है और यह सिर्फ यही साबित करके दूर किया जा सकता है कि तलाक के बाद बच्चों की माँ ने दूसरे आदमी से विवाह किया था और विवाह की पूर्णता होने पर दूसरा पति मर गया था अथवा पत्नी को तलाक दे दिया था। यदि ये तथ्य साबित नहीं किये गये तो पुनः विवाह की उपधारणा नहीं की जा सकती और बच्चे धर्मज नहीं निर्णीत हो सकते हैं और उनके दावे का असफल रहना जरूरी है। **खदीजा बनाम मुहम्मद** के एक नवीन वाद में पति ने पत्नी की तीन बार तलाक शब्द का उच्चारण करके तलाक दिया था पत्नी ने किसी अन्य व्यक्ति से मध्यवर्ती विवाह नहीं किया। काफी समय के पश्चात उन दोनों में पुनः विवाह हो गया। पति पत्नी इस पुनः विवाह के पश्चात थोड़े दिनों तक साथ–साथ रहे। इस अवधि में पत्नी गर्भवती हो गयी पति ने पत्नी को पुनः तलाक दे दिया। यह निर्णय हुआ कि यदि पति ने पत्नी को तीन बार तलाक शब्द का उच्चारण करके विवाह विघटित किया है और विवाह – विच्छेद के पश्चात ऐसी तलाकशुदा स्त्री दूसरे व्यक्ति से विवाह न करके अपने पूर्व पति से पुनः विवाह कर लेती है तो यह पुन विवाह करना शून्य नहीं बल्कि अनियमित है। इसलिये ऐसे पुनः विवाह से उत्पन्न सन्तान धर्मज होती है।

(7) इला द्वारा विवाह–विच्छेद :–

इला के विषय के बारे में जानने से पूर्व यह भी समझ लेना आवश्यक होगा कि यह भी एक प्रकार का विवाह–विच्छेद ही है। और इसको भी मुस्लिम विधि में मान्यता प्राप्त है। हदीसों व कुरान में भी इसके प्रमाण मिलते हैं।

इला का अर्थ :–

इला का अर्थ है ''कसम खाना'' अर्थात ''शपथ लेना'' है। इसको विधि वैधताओं ने ''आत्मसंयम की प्रतिज्ञा'' भी कहा हैं। अर्थात कहने का तात्पर्य ये है कि किसी भी कार्य को करने या ना करने की शपथ लेना ही ''इला'' कहा जाता है।

(8) शिया और शफई विचार :–

पद्धति के अनुसार पत्नी दाम्पत्य अधिकारों के पुनर्स्थापन के लिए न्यायालय में आवेदन करने की हकदार होती है और ऐसा किये जाने पर पति को दो विकल्प प्राप्त होते हैं —

(1)   उसे तलाक दे दे या

(2)   फिर उससे सम्भोग शुरू कर दे और दोनों के इंकार करने पर न्यायालय को विवाह का विच्छेद कर देने की शक्ति होती है।

किन्तु सुन्नी विधि के अन्तर्गत न्यायिक कार्यवाही आवश्यक नहीं है।

इला द्वारा रद्द किया जाना (Capcellatin of ILA) — इला निम्नलिखित स्थितियों में रद्द हो जाता है —

(1)   यदि 4 महीने के अन्दर पति सम्भोग फिर से शुरू कर दे या

(2)   यदि इस अवधि के भीतर मौखिक रूप से इला का खण्डन कर दिया जाए।

''इला विधि से विवाह–विच्छेद भारत में प्रयोग में नहीं है। भारतवर्ष में इला का कोई महत्व नहीं है।

(9)   जिहार द्वारा विवाह–विच्छेद

जिहार भी मुस्लिम विधि में एक प्रकार का विवाह विच्छेद है जिसको मुस्लिम विधि में मान्यता मिली हुई है। इसीलिए ''जिहार के विषय में जानने से पूर्व इसका अर्थ व शरीयती प्रभाव जानना भी आवश्यक हो जाता है।

जिहार का अर्थ

जिहार शब्द की उत्पत्ति अरबी शब्द जिहार से हुई है जिसका अर्थ होता है – पीठ विधि में जिहार का आशय है – निषिद्ध तुलना अर्थात अब पति अपनी पत्नी को किसी ऐसी नातेदार स्त्री से तुल्य करता है जो उससे रक्त सम्बन्ध विवाह सम्बन्ध या दुग्ध सम्बन्ध के कारण निषिद्ध कोटि में आती है। और जिसके संग मुस्लिम विधि के अनुसार विवाह सम्बन्ध निषिद्ध है, तो ऐसे कार्य को जिहार कहते हैं।

जैसे कोई पुरुष अपनी पत्नी से कहे कि तुम मेरी मां की तरह हो

डी0एफ0मुल्ला0 के अनुसार :– ''यदि पति (स्वस्थचित और व्यक्त) अपनी पत्नी की तुलना अपनी मां या निषिद्ध आसत्ति के भीतर की किसी स्त्री से करे, तो जब तक वह प्रायश्चित न कर ले, पत्नी को उससे सम्भोग करने से इंकार करने का अधिकार है। प्रायश्चित द्वारा आत्माशुद्धि न करने पर पत्नी को न्यायिक विवाह–विच्छेद के लिए आवेदन करने का अधिकार हो जाता है।''

अर्थात उपरोक्त विवेचना के आधार पर यह कहना उचित होता है किसी ने अपनी पत्नी से कहा कि तुम मेरी माँ के समान हो या तो कहा तुम मेरे लिए मां के जैसी हो, या

अब तुम मेरी मां जैसी हो उसी तरह हो यदि इसका आशय इस प्रकार लिया गया है कि तुम मेरी मां जैसे वृद्ध हो या बुजुर्गी में मां के समान हो या मेरी मां की आयु की हो तब ऐसा कहने में कुछ नहीं है और यदि इसका आशय तलाक देने से है तो उसको एक तलाके बाईन हो गई और यदि तलाक देने का आशय भी नहीं था और पत्नी छोडने का इरादा भी नहीं था, बल्कि केवल इतना आशय है कि भले ही तुम मेरी पत्नी हो, अपने विवाह से तुम्हे अलग नहीं करता, परन्तु अब तुमसे कभी भी समागम नहीं करूँगा। तुम से समागन करना हराम है, बस रोटी कपडा लो और पडी रहो। आशय यह है कि उसको छोडने की नियत नहीं केवल समागन करना अपने उपर हराम कर लिया इसको शरीअत में ''जिहातू'' कहते हैं। उसका आदेश यह है कि वह स्त्री रहेगी उसके विवाह में लेकिन पति जब तक उसका कफ्फारा अदा न कर दे तब तक समागन करना या जवानी की इच्छा के साथ हाथ लगाना, चूमना, प्रेम करना हराम है चाहे जितना समय क्यों न गुजर जाए कफ्फारा देने के पश्चात फिर से पत्नी पति की तरह रहे निकाह की कोई आवश्यकता नहीं है।

पत्नी को मां कहना झूठ और भारी गुनाह (पाप) है। और इसको कबीरा गुनाह (बहुत बडा पाप) की श्रेणी में रखा गया है और पवित्र कुरान में इसको ''काले मुन्कर'' कहा गया जिसका अर्थ ''गुनाह वाली झूठी बात है। जबकि आगे बताया गया है कि माँ तो केवल वह स्त्री होती है जिससे उसका जन्म हुआ हो, केवल मात्र अपनी पत्नी का माँ या अन्य सम्बन्ध में लाने से वह सगी–सम्बन्धी माँ उसकी (पति) की माँ नहीं हो जाती।

बल्कि ''कुफ्फारा'' आवश्यक देना पड़ेगा।

जिहार के उपदान :–

जिहार होने के लिए निम्नलिखित उपदानों का होना आवश्यक है–

(1)   पति स्वस्थचित और व्यक्त हो।

(2)   वह अपनी पत्नी की तुलना मां या निषिद्ध सम्बन्धी के भीतर की किसी स्त्री से करे।

जिहार के लिए प्रायश्चित :—

पत्नी को अधिकार है कि वह पति से –

(क)   सम्भोग करने से इंकार कर दे, जब तक कि वह विधि द्वारा विहित प्रायश्चित द्वारा अपनी शुद्धि न कर ले। प्रायश्चित निम्नलिखित प्रकार से हो सकता है :—

(1)   एक गूलाम (दास) स्वतन्त्र करने के द्वारा या

(2)   दो माह के लगातार रोजे (व्रत) रखने पर या

(3)   साठ (60) गरीबों को भोजन करवा कर

(ख)   न्यायालय में ऐसे आदेश के लिए आवेदन करे जिसके द्वारा पति से यह अपेक्षा की जाये कि वह या तो प्रायश्चित कर ले या उसे नियमित तलाक दे दे।

जिहार के विधिक प्रभाव :— (Kegal effects of zihar)

जिहार की घोषणा स्वतः विवाह बन्धन को समाप्त नहीं देती और न प्रायश्चित के अभाव में पत्नी का दाम्पत्य अधिकारों के पुनस्थापना के दावे का अधिकार चला जाता है।

जिहार के नीचे लिखे विधिक परिणाम होते हैं:—

(1)   सम्भोग अवैध हो जाता है।

(2)   पति प्रायश्चित द्वारा शोधन का जिम्मेदार हो जाता है।

(3)   ओर यदि पति लगातार गलती करता जाये तो पत्नी न्यायिक पृथक्करण का दावा कर सकती है।

आशय :–

अमीर अली के शब्दों में – "जिहार पति के लिए केवल उसी स्थिति में बन्धनकारी होगा जब तुलना या आशय ''तिरस्कार करना'' रहा हो। यदि उसका आशय तिरस्कार करना नहीं था तो जिहार नहीं माना जायेगा।

हिदाया के अनुसार "जिहार के अन्तर्गत वह आशय है जिससे पति अपनी पत्नी को अलग करने का आशय रखना हो। यदि वह ऐसा आशय नहीं रखता है बल्कि उसका आशय अपनी पत्नी को सम्मान देना रहा या उसकी आयु बतलाना रहा हो तब जिहार नहीं माना जायेगा।

सुन्नी विधि :–

सुन्नी विधि के अन्तर्गत जिहार के समय आवश्यक नहीं है कि साक्षियों की उपस्थिति हो केवल मात्र पत्नी या पति या दोनों के कहने मात्र से ही जिहार मान लिया जायेगा।

शिया विधि :–

शिया विधि में पत्नी के पीड़क तुलना के समय दो साक्षियों कीउपस्थिति का होना आवश्यक समझा जाता है। मुता विवाह जिस पर किसी भी तरह का तलाक लागू नहीं होता है, जिहार की विधि से भी अलग किया जा सकता है।

भारत वर्ष में जिहार का अब महत्व समाप्त हो गया है।

(10) तलाक के परिणाम :–

तलाक किसी भी तरीके से दिया गया हो, उसके पूर्ण होने पर पक्षकारों के अधिकारों और दायित्वों पर निम्नलिखित विधिक परिणाम होते हैं:–

(1) दम्पत्ति दूसरा विवाह करने के कहदार हो जाते हैं। यदि विवाह पूर्वावस्था को प्राप्त हो गया, तो स्त्री अपनी इद्दत की अवधि समाप्त होने पर दूसरे पुरुष से विवाह कर सकती है। विवाह की पूर्णता न हुई हो तो तुरन्त विवाह कर सकती है। यदि विवाह पूर्णता को पहुँच गया हो और तलाक की तारीख पर तलाक दी हुई पत्नी को मिलाकर पति के चार पत्नियाँ रही हों तो वह तलाकशुदा पत्नी की इद्दत पूरी हो जाने पर दूसरी पत्नी से विवाह कर सकता है। इद्दत की अवधि समाप्त होने के पूर्व नहीं।

(2) मेहर तुरन्त देय हो जाती है। यदि विवाह पूर्णता को प्राप्त हो गया हो तो पत्नी सम्पूर्ण अदत्त मेहर मुअज्जल और मुवज्जल दोनों के तत्काल भुगतान की कहदार हो जाती है यदि विवाह पूर्णता को नहीं पहुँचा है और संविदा में मेहर की राशि निश्चित भी तो वह आधे मेहर की हकदार होती है। यदि विवाह–संविदा में जिसकी राशि का उल्लेख नहीं था तो वह केवल तीन कपड़े पाने की कहदार होती है।

जहाँ पत्नी द्वारा धर्मत्याग के आधार पर विवाह का विच्छेद हो और विवाह पूर्णता को प्राप्त हो गया हो वह पूरे मेहर की कहदार होती है।

सन् 1991 के मुस्लिम विवाह–विच्छेद अधिनियम की धारा 5 के अनुसार इसमें निहित किसी भी बात का किसी विवाहित स्त्री के मुस्लिम–विधि के अन्तर्गत मेहर या उसके किसी अंश से सम्बन्ध अधिकार पर विवाह का विच्छेद होने से कोई प्रभाव नहीं होता है।

(3)   जब तक तलाक अनिवर्तनीय न हो जाये, दोनों पक्षकार–एक दूसरे से उत्तराधिकार के पारम्परिक अधिकार समाप्त हो जाते हैं।

(4)   तलाक के अनिवर्तनीय हो जाने पर सम्भोग अवैध हो जाता है ऐसे सम्भोग की सन्तान अधर्मज (अवैध) होती है तथा अभिस्वीकृति से भी धर्मज नहीं हो सकती लेकिन दम्पत्ति फिर से विवाह कर सकते हैं।

(5)   पत्नी तलाक की इद्दत में भरण–पोषण (गुजारा भत्ता) पाने की हकदार होती है, परन्तु पति की मृत्यु द्वारा विवाह–विच्छेद की इद्दत में भरण–पोषण पाने की अधिकार नहीं होता है।

(11) तलाक होने वाली पति–पत्नी का पुनर्विवाह

यदि पति ने तीन बार उच्चारण करके अपनी पत्नी को अस्वीकार कर दिया हो तो जब तक स्त्री इद्दत के बाद दूसरे पुरुष से विवाह न कर ले और वह पुरुष सम्भोग के बाद उसे तलाक न दे दे या वह मर न जाय और वह स्त्री इस बार फिर इद्दत का पालन न कर ले उस स्त्री से पुनर्विवाह करना उसके लिये वैध नहीं होता है।

अन्य स्थिति में तलाक के दम्पति, चाहे इद्दत के दौरान या उसके पूरी हो जाने के बाद, पुनः विवाह इस प्रकार कर सकते हैं। जैसे कोई तलाक हुआ ही न हो।

अध्याय 7

न्यायिक विवाह–विच्छेद

(मुस्लिम विवाह–विच्छेद अधिनियम, 1939)

(Dissolution of Muslim Marriage Act)

(1939 का अधिनियम सं0 8)17 मार्च 1939

मुस्लिम विधि के अधीन विवाहित स्त्रियों द्वारा विवाह विघटन के वादों से सम्बन्धित मुस्लिम विधि के उपबन्धों का समेकन करने और उन्हें स्पष्ट करने, तथा किसी विवाहित मुसलमान स्त्री द्वारा इस्लाम धर्म के त्याग से उसके विवाह–बन्धन पर प्रभाव के बारे में शंकाएँ दूर की जाएं, अतः एतद् द्वारा निम्नलिखित रूप में यह अधिनियम किया जाता है–

[1] संक्षिप्त नाम और विस्तार– (1) इस अधिनियम का संक्षिप्त नाम मुस्लिम विवाह विघटन अधिनियम 1939 है।

(2) इसका विस्तार जम्मू–कश्मीर राज्य के सिवाय सम्पूर्ण भारत पर है।

[2] विवाह–विघटन की डिक्री के लिए आधार– मुस्लिम विधि के अधीन विवाहित स्त्री अपने विवाह के विघटन के लिए निम्नलिखित आधारों में से किसी एक या अधिक आधार पर डिक्री प्राप्त करने की हकदार होगी अर्थात् –

(i)   चार वर्ष से पति का ठौर–ठिकाना ज्ञात नहीं है

(ii)   पति ने दो वर्ष तक उसके भरण—पोषण की व्यवस्था करने में उपेक्षा की है या उसमें असफल रहा है;

(iii)   पति को सात वर्ष या उससे अधिक की अवधि के लिए कारावास का दण्ड दिया गया है;

(iv)   पति को सात वर्ष या उससे अधिक की अवधि के लिए में समुचित कारण बिना असफल रहा है;

(v)   पति विवाह के समय नंपुसक था और बराबर नपुंसक रहा है;

(vi)   पति दो वर्ष तक उन्मत रहा है या कुष्ठ या उग्र राबिज रोग से पीड़ित है;

(vii) पन्द्रह वर्ष की आयु प्राप्त होने से पहले ही उसके पिता या अन्य संरक्षक ने उसका विवाह किया था और उसने अठारह वर्ष की आयु प्राप्त करने से पूर्व ही विवाह का निराकरण कर दिया है।

परन्तु यह तब जब विवाहोत्तर संभोग न हुआ हो।

(viii) पति उसके साथ क्रूर से व्यवहार करता है अर्थात् –

(क)   अभ्यासतः उसे मारता है या क्रूर आचरण से उसका जीवन दुखी करता है भले ही ऐसा आचरण शारीरिक दुर्व्यवहार की कोटि में न आता हो, या

(ख)   कुख्यात स्त्रियों की संगति में रहता है या गर्हित जीवन बिताता है, या

(ग)   उसे अनैतिक जीवन बिताने पर मजबूर करने का प्रयत्न करता है, या

(घ)   उसकी सम्पत्ति का चयन कर डालता है या उसे उस पर अपने विधिक अधिकारों का प्रयोग करने से रोक देता है या

(ड.) धर्म को मानने या धर्म—कर्म के अनुपालन में उसके लिए बाधक होता है, या

(च) यदि उसकी एक से अधिक पत्नियाँ हैं तो कुरान के आदेशों के अनुसार उसके साथ समान व्यवहार नहीं करता है;

(ix) कोई ऐसा अन्य आधार है जो मुस्लिम विधि के अधीन विवाह विघटन के लिए विधिमान्य है।

परन्तु –

(क) आधार ;पपद्ध पर तब तक कोई डिक्री पारित नहीं की जाएगी जब तक दण्डादेश अन्तिम न हो गया हो।

(ख) आधार ;पद्ध पर पारित डिक्री ऐसी डिक्री की तारीख की छह मास तक प्रभावी नहीं होगी और यदि पति या तो स्वयं या किसी प्रधिकृत अभिकर्ता के माध्यम से उस अवधि में हाजिर हो जाता है और न्यायालय का यह समाधान कर देता है कि वह अपने दाम्पत्य कर्तव्यों का पालन करने के लिए तैयार है तो न्यायालय उक्त डिक्री को अपास्त कर देगाः और

(ग) आधार (अ) पर कोई डिक्री पारित करने के पूर्व, न्यायालय पति द्वारा आवेदन किए जाने पर ऐसा आदेश करेगा जिसमें पति से यह अपेक्षा की जाएगी कि वह उसके आदेश की तारीख से एक वर्ष के भीतर न्यायालय का यह समाधान कर दे कि वह नपुंसक नहीं रह गया है और यदि पति उस अवधि में इस न्यायालय का समाधान कर देता है तो उक्त आधार पर कोई भी डिक्री पारित नहीं की जायेगी।

(3)   पति के वारिसों पर सूचना की तामील किया जाना जब पति का ठौर–ठिकाना ज्ञान नहीं है– किसी ऐसे वाद में, जिसे धारा 2 का खण्ड (प) लागू होता है–

(क)   ऐसे व्यक्तियों के नाम तथा पते वादपत्र में लिखे जाएंगे जो मुस्लिम विधि के अधीन पति के वारिस होते यदि वादपत्र फाईल करने की तारीख को उसकी मृत्यु हो जातीः

(ख)   वाद की सूचना की तामील ऐसे व्यक्तियों पर की जाएगीः और

(ग)   ऐसे व्यक्तियों को वाद में सुनवाई का अधिकार होगाः

परन्तु पति के चाचा तथा भाई को, यदि कोई हो, एक पक्षकार के रूप में उल्लिखित किया जाएगा, भले वे वारिस न हो।

(4)   अन्य धर्म में संपरिवर्तन का प्रभाव–किसी विवाहि5त मुसलमान स्त्री द्वारा इस्लाम धर्म का त्याग या इस्लाम से भिनन किसी धर्म में उसका संपरिवर्तन से स्वयंमेव उसे विवाह का विघटन नहीं होगा।

परन्तु ऐसे त्याग, या संपरिवर्तन के पश्चात् वह स्त्री धारा में उल्लिखित आधारों में से किसी भी आधार पर अपने विवाह के विघटन के लिए डिक्री प्राप्त करने की हकदार होगी।

परन्तु यह और कि इस धारा के उपलब्ध, किसी अन्य धर्म से इस्लाम धर्म में संपरिवर्तित किसी ऐसी स्त्री को लागू नहीं होंगे, जो अपने भूतपूर्व धर्म का पुनः अंगीकार कर लेती है।

(5)   मेहर विषयक अधिकारों पर प्रभाव व होना– इस अधिनियम की कोई भी बात विवाहित स्त्री के किसी ऐसे अधिकार पर प्रभाव नहीं डालेगी, जो उसके विघटन पर उसके मेहर पर मेहर के किसी भाग के बारे में मुसिलम विधि के अधीन हो।

(6) 1937 के अधिनियम सं0 26 की धारा 5 का निरसन—निरसन तथा संशोधन अधिनियम, 1942 (1942 का 25) की धारा 2 तथा अनुसूची 1 द्वारा निरसित।

उपरोक्त अधिनियम का विस्तारपूर्वक वर्णन करने से पूर्व यह जानना भी आवश्यक हो जाता है कि इस अधिनियम से पूर्व की स्थिति में विवाह विच्छेद के कौन—कौन से आधार थे? इसलिये इसका ऐतिहासिक तथा शरियती आधार भी जानना आवश्यक हो जाता है।

मुस्लिम विधि में प्रत्येक मुसलमान पत्नी अपनी (पत्नीत्व) हैसियत अपने पति के प्रसादकाल तक ही धारण करती हैं। पति मनमाने तौर पर जब चाहे और बिना कोई कारण बताये अपनी पष्प्पी को तलाक दे सकता है। तलाक द्वारा विवाह—विच्छेद पति का पूर्ण विशेषधिकार (Absolute privilege) है और इच्छानुसार जब चाहे घोषित कर दे। तलाक स्वयं घोषित करने के बजाये पति अपने इस अधिकार को किसी अन्य व्यक्ति (जैसे पत्नी के पिता) या अपनी पत्नी को प्रत्यायोजित (Delegate) कर सकता है। प्रत्यायोजित शक्ति पा जाने पर जब पत्नी तलाक द्वारा स्वयं के विवाह का विच्छेद कर सकती है, तो इसे पत्नी द्वारा पति के प्रति दिया गया तलाक नहीं समझा जाता है वरन् इसे पति द्वारा घोषित तलाक ही माना जाता है, इस प्रकार किसी भी परिस्थिति में पत्नी अपने पति को तलाक नही दे सकती है। किन्तु मुस्लिम विवाह—विच्छेद अधिनियम, 1939 के लागू होने के पूर्व पत्नी कुछ आधारों पर विवाह विच्छेद के लिए न्यायालय में प्रार्थनापत्र दे सकती थी। ये आधार थे—

(1) पति की नपुंसकता

(2) लियॉन (लिएन) (व्याभिचारिता का झूठा आरोप)

(3) पत्नी द्वारा विवाह का विखण्डन (खुला)

मुस्लिम विवाह–विच्छेद अधिनियम 1939 ने पूर्व मुस्लिम विधि में क्रान्तिकारी परिवर्तन किया और छह अन्य आधारों का भी प्रविधान किया, जिनके आधार पर विवाह–विच्छेद के लिये पत्नी न्यायालय के वाद दायर कर सकती है इस प्रकार अधिनियम के अन्तर्गत नौ आधार वर्णित है जिनमेंसे एक या अधिक आधारों पर मुस्लिम पत्नी न्यायालय से भी विवाह विच्छेद की डिक्री प्राप्त कर सकती है। इससे पूर्व केवल उपरोक्त शर्तों के आधार पर ही विवाह विच्छेद प्राप्त कर सकती थी।

इस तरह वह अपने वैवाहिक बन्धन से किसी और कारणवश वह मुक्ति नहीं पा सकती थी, उसके लिए केवल एक ही रास्ता था कि वह मुस्लिम धर्म त्याग है। इस अधिनियम में पारित होने की परिस्थितियाँ उसके कथन से परिलक्षित होती है।

"हनाफी विधि में विवादित मुस्लिम स्त्री को अपने विवाह को समाप्त करने या निम्न परिस्थितियों में कोई अधिकार नहीं है, जैसे यदि उसका पति उसे भरण–पोषण देने से मना करता हो, यदि उसका परित्याग करके जीवन को देयनीय बना दे, अथवा उसके साथ लगातार दुर्व्यवहार करे तथा ऐसी ही अन्य परिस्थितियाँ इस तरह के प्रावधानों के अभाव में ब्रिटिश भारत में मुस्लिम पत्नियों को अकथनीय परेशानियों का सामना करना पड़ा। किन्तु हनाफी विधि में यह प्रावधान है कि यदि किसी व्यक्ति को हनाफी विधि के प्रयोग से अत्यन्त कठिनाई हो रही हो तबउसे मालिकी, शफी या बली विधि प्रयोग करने की अनुमति है। इस तरह के सिद्धान्त का उल्लेख मौलाना अशरफ अली थान्वी ने अपनी पुस्तक "हीलत–उन–नजेजा" में मालिकी विधि के प्रावधानों का गहन अध्ययन करने के पश्चात् किया है। भारतीय परिस्थितियों में इस सिद्धान्त को प्रयोग करने की अनुमति यहाँ के सभी उलेमाओं ने प्रदान कर दी है।"

उक्त परिस्थितियों में मुस्लिम विवाह–विच्छेद, अधिनियम 1939 (1) पारित किया गया जिसे सभी मुसलमानों पर चाहे वह किसी स्कूल से सम्बन्धि हो, लागू किया गया। अब इस अधिनियम की धारा 2 के अन्तर्गत भारत के न्यायालयों के द्वारा मुस्लिम विवाह का विच्छेद किया जा सकता है। इस अधिनियम की उक्त धारा के अन्तर्गत व आधारों का उपलब्ध किया गया है। जिनमें से किसी एक अथवा एक से अधिक आधार पर मुस्लिम विधि के अन्तर्गत विवाहित स्त्री अपने विवाह के विच्छेद की डिक्री प्राप्त कर सकती है। वे आधार है –

(1)　पति की अनुपस्थिति – (Absence of husband)

मुस्लिम विवाह–विच्छेद अधिनियम 1939 की धारा 2 खण्ड (i) यदि पति पिछले चार वर्षों से कहीं ला पता हो, और उसका कुछपवता नहीं लग सका, तो पत्नी विवाह–विच्छेद के लिए वाद दायर कर सकती है।

अर्थात् जब पिछले चार वर्षों से पति का कहीं कुछ पता न हो तो पत्नी विवाह–विवाह का वाद दायर कर सकती है।

पत्नी अपने वाद–पत्र (Plaint) में उन परिस्थितियों का जिनमें उनका सहवास समाप्त हो गया, स्थान और समय जब पति अनितम बार देखा गया था, और पति को ढूंढने का प्रयास का अवश्य वर्णन करे। पति के चाचा या भाई अथवा पिता या पति पक्ष की ओर से सगा सम्बन्धी, यदि हो तब तो उन्हें अवश्य पक्षकार (सह–प्रतिवादी) बनाया जाय।

इस आधार पर न्यायालय द्वारा दी गई डिक्री तभी कार्यन्वित की जा सकती है जब डिक्री के पारित होने के पश्चात् छः माह का समय व्यतीत हो चुका हो यदि डिक्री की तिथि

से छः माह की अवधि में पति वापस आ जाय या अपने अधिकृत अभिकर्ता (एजेन्ट) द्वारा न्यायालय को सन्तुष्ट कर दे कि वह वैवाहिक कर्तव्यों को पूरा करने के लिये तैयार है तो न्यायालय उस डिक्री को रद्द कर देगा।

पति की अनुपस्थिति में तलाक लेने की आवश्यक आधार– तलाक लेने के लिये पत्नी को आवश्यक शर्तों व आधारों को सिद्ध करना अनिवार्य है जो निम्नलिखित है–

(i)   पति चार वर्ष से लापता हो तथा उसका तलाश लिया गया हो।

(ii)   इस स्थिति में पत्नी विवाह–विच्छेद के लिये वाद दायर करने की अर्जी लगा सकेगी तथा उसके लिए उसे न्यायालय को सन्तुष्ट करना अनिवार्य होगा।

(iii)   इस अर्जी को 6 माह की अवधी तक की प्रतिक्षा करनी होगी और 6 माह गुजरने के पश्चात् विवाह–विच्छेद समझा जायेगा और यदि 6 माह से कम अवधी में पति वापस आ जाये या पत्नी को पति के आने की सूचना मिलते ही तब विवाह–विच्छेद नहीं किया जा सकता है। (गुडिया, आरिफ प्रकरण इस विषय का मुख्य व प्रसिद्ध उधारण है)

(2)   भरण–पोषण सम्बन्धी असफलता (धारा 2(ख)) –

यदि पति ने दो वर्ष तक पत्नी को भरण–पोष प्रदान नहीं किया या उसे भरण–पोषण करने की उपेक्षा की है तो पत्नी विवाह–विच्छेद के लिये न्यायालय में वाद दायर कर सकती है किन्तु जब तक पति का विधिक दायित्व पत्नी को भरण–पोषण करने का न रहा हो तब तक यह नहीं कहा जा सकता कि उसने भरण–पोषण देने में उसकी उपेक्षा की है या भरण–पोषण नहीं दिया है। मुस्लिम विधि में पति अपनी ऐसी पत्नी को भरण पोषण देने के लिये बाध्य नहीं है जो उसके प्रति शीलवती (वफादार) न हो या उसकी आज्ञाकारिणी ना

हो, या जो अपने वैवाहिक कर्तव्यों को पूरा नहीं करती है। अतएव जब कोई पत्नी इस आधार पर विवाह–विच्छेद के वाद दायर करे कि उसका पति उसे भरण पोषण देने में असफल रहा है, और न्यायालय को यह पता चले कि वह न तो पति के प्रति शीलवती (वफादार) Faithful रही है और न ही उसकी आज्ञाकारिणी, तो वाद अवश्य खारिज कर दिया जाना चाहिये।

पति मुकदमें में अपना बचाव (प्रतिवाद) इस आधार पर नहीं कर सकता कि वह अपनी गरीबी, अवस्थता, बेरोजगारी कारावास या अन्य आधार पर पत्नी को भरण–पोषण देने में असफल रहा है पत्नी का धनवान होना या उसे इस परिस्थिति में होना कि वह अपनी कमाई से अपना भरण–पोषण कर सकने में असमर्थ रहा है तो प्रतिवाद में इसकी दलील नही दी जा सकती।

ए0 युसूफ बनाम सौरम्मा के वाद में 17 वर्षीयों सौरम्मा का विवाह एक तैंतीस वर्षीय पुरूष ए0 युसूफ से हुआ था। वह पति के यहाँ एक मास रहकर अपने पति के यहाँ चली गई और वहाँ दो वर्षों तक रही। पति ने उस काल में उसके भरण–पोषण की कोई व्यवस्था न की। दो वर्ष के बीत जाने पर पत्नी सौरम्मा ने पति के विरूद्ध विवाह–विघटन के लिए वाद दायर किया। पति ने उस काल में भरण–पोषण न कर पाने की बात स्वीकार की किन्तु यह कहा कि वह अपने पत्नी को अपने साथ रखने और ले जाने के लिए तैयार है। केरल उच्च न्यायालय ने निर्णीत कि कि मुस्लिम विवाह–विघटन अधिनियम, 1939 की धारा 2 (1) के अन्तर्गत पत्नी अपने विवाह–विच्छेद के लिए केवल इस आधार पर वाद दायर कर सकती है कि पति ने उसका भरण–पोषण वास्वत में नहीं किया, चाहे कारण कुछ भी रहा

हो तथा लोकनीति पर आधारित कानून की पुकार नैतिकतावादी ना होकर वास्तविकतावादी होती है।

फजलुहम्मद बनाम उम्मातुर रहीम के वाद में सिन्ध के मुख्य न्यायालय ने यह धारण किया कि मुस्लमानों पर प्रयोज्य सामान्य विधि को रद्द करना अधिनियम का आश्य नहीं था, और यह नहीं कहा जा सकता कि पति ने अपनी पत्नी के भरण–पोषण का प्रबन्ध करने में उपेक्षा की या उसमें वह असफल रहा, जब तक कि पति ने अपनी पत्नी के भरण–पोषण का दायित्व ना हो। विवाह–विच्छेद के लिए पत्नी का वाद खारिज कर दिया गया क्योंकि यह पाया गया कि वह अपने पति के प्रति वफादार और आज्ञाकारणी नहीं थीं।

मुस्लिम विधि के अन्तर्गत पति–पत्नी के भरण–पोषण के लिए तभी दायित्वाधीन है जबकि पत्नी अपने दाम्पत्य कर्तव्यों का पालन कर रही हो। इसलिये यदि पत्नी किसी युक्तियुक्त कारण से पति से अलग रही हो तो वह पति की भरण–पोषण में असफलता के आधार पर विवाह–विच्छेद डिक्री नहीं प्राप्त कर सकती। क्योंकि वह अपने व्यवहार से ही मुस्लिम विधि के अनतर्गत भरण–पोषण की अधिकारिणी नहीं रह जाती।

इसी प्रकार एक अन्यवाद में भी भरण–पोषण के विषय में बताया गया।

नूर बीबी बनाम पीर बक्स के वाद में यह निर्णय दिया गया कि यदि पति वाद दायर करने के दो वर्ष तुरन्त पूर्व की अवधि तक पत्नी को भरण–पोषण प्रदान करने में असफल रहता है तो पत्नी इस अधिनियम की धारा 2(ii) के अन्तर्गत विवाह–विच्छेद के लिये हकदार है, यद्यपि पति के साथ हरने से इन्कार के अपने व्यवहार के कारण वह उस अवधि के लिये

भरण–पोषण के दावे को क्रियान्वित नहीं कर सकती, जिस अवधि में पति उसे भरण–पोषण देने में असफल रहा है।

भरण–पोषण में केवल भोजन ही नहीं बल्कि भोजन, वस्त्र एवम् आवास तथा गरिमा पूर्ण व हैसियत अनुसार जीवन व्यापन करना सभी आते हैं।

भरण पोषण सम्बन्धी उपबन्ध में पति की स्थिति (हैसियत) पर भी विचार किया जाना आवश्यक है।

भरण–पोषण सम्बन्धी असफलता में तालक लेने के आधार –

उपरोक्त वादों तथा विवेचन के आधार पर यह कहना उचित होगा कि निम्नलिखित आधारों पर ही पत्नी अपने पति से विवाह–विच्छेद के लिए अधिकारिणी होगी–

(1)   जब पति ने लगातार दो वर्षों तक पत्नी का भरण पोषण ना दिया हो अर्थात् भरण–पोषण में असफल रहा हो।

(2)   पत्नी पति के लिए (वफादार) शीलवती तथा आज्ञाकारी हो।

(3)   पत्नी का आचरण दुराचारपूर्ण ना रहा हो।

तभी पत्नी भरण पोषण के आधार पर न्यायालय के विवाह–विच्छेद के लिए वाद योजित कर सकती है।

(iii)   पति के कारावास होने पर (Imprisonment of Husband) धारा 2(3) –

धारा 2 (3) के आधार पर यदि कोई पति 7 वर्ष तक कारावासित हुआ है तो पत्नी विवाह विच्छेद के लिए वाद योजित कर सकती है किन्तु इस सम्बन्ध में प्रमुख बात यह है

कि कारावास की सजा सुनाने वाला न्यायालय का निर्णय अन्तिम हो, जहाँ पति के किसी न्यायालय द्वारा 7 वर्ष की सजा सुनाने के पश्चात् उसक निर्णय के विरूद्ध अपील कर दी हो तो वहाँ पत्नी के पक्ष में विवाह–विच्छेद की डिक्री नही पारित की जायेगी अतः संक्षेप में यह कहना उचित होगा कि न्यायालय की डिक्री तभी पारित की जायेगी जबकि 7 वर्ष की सजा अन्तिम तौर पर न्यायालय द्वारा सुना दी गयी हो।

पति के कारावास होने पर तलाक लेने के आवश्यक आधार –

पति के कारावास होने पर तलाक लेने के लिए पत्नी को निम्न शर्तों व आधारों को न्यायालय में सिद्ध करना आवश्यक है जो निम्न है–

(1) पति को कारावास कम से कम 7 वर्ष का हो,

(2) तथा कारावास की सुनवाई अन्तिम होना आवश्यक है उसके किसी उच्च न्यायालय में अपील ना किया जा सके।

(iv) दाम्पत्य दायित्वों के पालन में असफलता (Faiure to perform matrial obligations)– धारा 2 (iv)

यदि बिना उचित कारण के पति ने तीन वर्ष तक दाम्पत्य दायित्वों का पालन नहीं किया है तो पत्नी विवाह–विच्छेद की डिक्री प्राप्त करने की हकदार है। मुस्लिम विवाह–विच्छेद अधिनियम, 1839 के अन्तर्गत 'पति के दायित्वों' की परिभाषा नहीं दी गई है। इस उपधारा के प्रयोजन के लिये पति के केवल ऐसे दाम्पत्य दायित्व का न्यायालय अवलोकन करेगा जिनको इस अधिनियम की धारा 2 के किसी उपखण्ड में सम्मिलित नहीं किया गया है।

इसलिये यहाँ यह कहना अप्रासंगित न होगा कि जब पति खुदा की कसम खाकर कहता है कि वह चार मास या (उससे अधिक दिनों) तक पत्नी के संग समागम (Sexual intercourse) नहीं करेगा, और इस समय के पश्चात् वह चार माह तक या उससे अधिक समय तक संमागम नहीं करता है तो न्यायालय के डिक्री बिना भी अविखण्डनीय तलाक तुरन्त प्रभावी हो जाता है।

दाम्पत्य–दायित्वों के पालन में असफलता के कारण पत्नी द्वारा तलाक लेने के आवश्यक आधार– यदि पति द्वारा दाम्पत्य–दायित्वों के पालन में असफलता पायी जाये तब पत्नी न्यायालय में पति के विरूद्ध प्रार्थना–पत्र देकर उससे तलाक लेने की अधिकारिणी हो जाती है, परन्तु उसे (पत्नी) को निम्नलिखित शर्तों व आधारों पर ही न्यायालय उसे तलाक का अधिकार दे सकता है –

(1)   पति–पत्नी से लगातार तीन वर्ष तक दाम्पत्य दायित्वों को लागू नहीं किया गया।

(2)   यदि दाम्पत्य दायित्वों के पालन में असफलता का कोई युक्ता–युक्त कारण पति द्वारा न्यायालय में पेश नहीं किया जाता है।

तभी एक पत्नी अपने पति से उपरोक्त आधार को सिद्ध करने व न्यायालय को सन्तुष्ट कराने के पश्चात तलाक की अधिकारिणी हो सकती है।

पति की नपुंसकता (Impotency of the husband) : धारा 2 (अ)

जब विवाह के समय पति नपुंसक रहा हो और तब से वह निरन्तर नपुंसक बना रहा हो, तो पत्नी विवाह–विच्छेद के वाद दायर कर सकती है।

नपुसंकता का अर्थ – नपुंसकता का विधि में अर्थ होता है, विवाह सम्भोग की अक्षमता (Inability of consummate the marriage) विवाह का सम्भोग मेथुन से होता है मैथुन (Sexual intercourse) उस कृत्य को कहते है जहाँ पुरुष साक्ष्य भूमिका अदा करता है और स्त्री निष्क्रिय। पुरुष का खडा न होना, या खडा होने के बावजूद भी स्त्री के गुप्तांग में उसका प्रवेद न होना।

नपुंसक के कारण शारीरिक हो सकते या मानसिक।

(1) शारीरिक लक्षण– पुरुषों में नपुंसकता के शारीरिक कारण निम्नलिखित हैं–

(i) इन्द्रियों का खडा न होना – जहाँ पुरुष में मैथुन (समागम) करने की इच्छा हो तो किन्तु वह अपने पुरूषेन्द्रिय को सीधा न कर सकने व खडा न कर सकने के कारण स्त्री के गुप्तांग में उसे डालने में समर्थ न हो सके। ऐसी नपुंसकता को वर की नपुंसकता (Bridegroom's impotency) कहा जाता है।

(ii) पुरूषेन्द्रियों का आभाव – जब पुरुष का पुरूषेन्द्रियाँ कमजोर हो।

(iii) समलिंगी मैथुन – जो पुरुष दूसरे पुरुष के साथ गुदामैथुन (Sodomy) करता है वह सामान्यतः अपनी पत्नी संग मैथुन नहीं करता, हालांकि वह अपनी पत्नी को प्यार करता है और आदर देता है। परन्तु अपनी पत्नी के साथ सहवास, करने में अक्षम हो तो ऐसा पुरुष पत्नी के लिए नपुंसक समझा जायेगा।

(iv) पुरूषेन्द्रियों की खराबी – पुरूषेन्द्रिय का अत्यधिक छोटा होना, टेढा होना भी नपुंसकता के कारण होता है। किसी पुरुष के दोनों अण्डकोष यदि कार्य न करे, या नष्ट हो जायें, या निकाल दिये जायें या लिंग को काट दिया जाये तो ऐसा पुरुष समागम के योग्य नहीं है तो यह नपुंसकता की श्रेणी में आयेगा।

(2) मानसिक कारण – मानसिक नपुंसक दो प्रकार के होते हैं–

(1)पूर्ण नपुंसक और (2) सम्बन्धित नपुंसकता। ''पूर्ण नपुंसकता'' से तात्पर्य किसी पुरुष का सभी भारी के प्रति नपुंसकता से है। अर्थात् वह सभी नारियों के साथ सहवास करने में सक्षम नहीं होता है। जबकि सम्बन्धित नपूंसकता से तात्पर्य है कि पुरूष केवल अमुक (विशेष) नारी के साथ ही सहवास करने में सक्षम नहीं होता है, किन्तु अन्य नारियों के संग वह सहवास कर सकता है। इसलिए इन अवस्थाओं को भी नपुंसकता ही माना जायेगा।

मानसिक या मनोवैज्ञानिक नपुंसकता तब होती है जब पुरुष में मैथुन कार्य के प्रति अनियंत्रित घृणा होती है। चाहे यह घृणा सभी नारियों के प्रति हो या किसी विशेष के प्रति। इसमें शारीरिक सामर्थ्य होते हुए भी मैथुन करने की असमर्थता होती है। मानसिक नपुंसकता अनेक कारणों से हो सकती है। जैसे—घबराहट (Nervousnes) अत्यधिक चेतना, अनियंत्रित घृणायाा, शीघ्रपतन आदि जिनको नपुंसकता की श्रेणी में लाया जाता है।

पति की नपुंसकता के कारण पत्नी को तलाक लेने के आवश्यक शर्तें–

(1)   पत्नी को पति की नपुंसकता का सही ब्यौरा देना होगा तथा न्यायालय को सन्तुष्ट कराना आवश्यक है।

(2)   पति यदि इसी बीच न्यायालय को अपनी नपुंसकता का उचित प्रमाण एक वर्ष में दिखाने में असफल हो जाता है तब पत्नी न्यायालय द्वारा विवाह विच्छेद की अधिकारणी हो जाती है।

परन्तु यदि पति अपनी नपुंसकता के ना होने का उचित प्रमाण द्वारा न्यायालय को संतुष्ट कराने में सफल रहता है तो इस आधार पर पत्नी द्वारा विवाह विच्छेद का अधिकार समाप्त हो जायेगा तथा पत्नी नपुंसकता के आधार पर पति से विवाह विच्छेद की अधिकारणी नहीं रह जाती।

(4) पति का पागलपन या रोग से ग्रसित :–

अधिनियम की धारा 2 यह उपबन्धित करती है कि यदि पति दो साल से पागल रहा हो या कृष्ठ रोग अथवा उग्र रतिज रोग से पीड़ित हो। अन्तिम दोनों रोगों का दो वर्ष से होना आवश्यक नहीं है।

यह आवश्यक नहीं है कि पति न्यायालय द्वारा पागल घोषित कर दिया गया हो और न यह ही आवश्यक है कि उसे मानसिक रोगों के किसी अस्पताल में भर्ती कराया गया हो या किसी संस्था के पर्यवेक्षण में उसे रोक रखा गया हो। किन्तु यदि इस प्रकार की कोई घोषणा या भर्ती रही है तो वह पागलपन का पर्याप्त सबूत है।

जब पति कुष्ठ रोग या रक्षित रोग से पीड़ित रहा हो तो पत्नी को यह सिद्ध करना आवश्यक नहीं है कि वह लगातार दो या उससे अधिक वर्षों से पीड़ित है। यदि कुष्ट रोग घृणा उत्पादक हैं। जिसमें समाज के रोग मिलना जुलना पसन्द नहीं करते तो पत्नी विवाह – विच्छेद की डिक्री प्राप्त कर सकती है। विवाह विच्छेद के प्रयोजनार्थ केवल चमडे का सफेद होना कोढ की कोटि में नहीं माना जाता है।

(5) निम्नलिखित आधार पर विवाह विच्छेद की डिक्री प्राप्त की जा सकती है :–

(1) जब पति दो साल तक पागल या कुष्ट रोग से पीड़ित रहा हो।

(2) मानसिक रोगों के लिए डाक्टरों ने न्यायालय सन्तुष्ट करा दिया हो।

(3) केवल मानसिक रोगों के लिए अस्पताल में भर्ती किया जाना या पागलपन की घोषणा करना विवाह–विच्छेद के लिए पर्याप्त आधार नहीं है।

(4) इसी प्रकार कुष्ट रोग के लिए केवल चमडे या सफेद दाग होना कोड की श्रेणी में नहीं आता जिसे विवाह विच्छेद के लिए पर्याप्त आधार नहीं है।

(6) पत्नी द्वारा विवाह का विखण्डन :–

पत्नी विवाह विच्छेद का वाद उस दशा में भी दायर कर सकती है। जब उसका विवाह उसके पिता या अन्य संरक्षण द्वारा उस समय किया गया था। जब वह पन्द्रह वर्ष से कम उम्र की थी, और अट्ठारह वर्ष की आयु पाने के पूर्व ही उसने इस विवाह का विखण्डन कर दिया, बशर्तें कि विवाह के बाद सम्भोग न हुआ हो। इस आधार पर विवाह विच्छेद तभी मिल सकता है जब पत्नी यह सिद्ध करे कि –

(1)   उसका विवाह उसके पिता का अन्य संरक्षक द्वारा कराया गया था।

(2)   विवाह के समय उसकी आयु पन्द्रह वर्ष से कम थी।

(3)   पन्द्रह वर्ष आयु प्राप्त करने के पश्चात किन्तु अठारह वर्ष के पूर्ण उसने विवाह का विखण्डन कर दिया और विवाह का सम्भोग नहीं हुआ है।

(4)   अधिनियम का यह खण्ड थोडा बहुत थोडा बहुत परिवर्तनों के साथ उस विधि का वर्णन करता है जिसे मुस्लिम विधि में ''योवनागम का विकल्प'' या ख्यारूल बुलूग कहा जाता है। यद्यपि यौवनागम या बालिग का व्यक्ततः वर्णन नहीं गया है। किन्तु इसके स्वज में ''पन्द्रह वर्ष की आयु'' का प्रयोग किया गया है। मुस्लिम विवाह विच्छेद अधिनियम 1939 के पारित होने के पूर्व पिता या पितामह द्वारा विवाह में दी गयी लड़की को **''ख्यारूल बुलूग''** का अधिनियम नहीं था। किन्तु वह इस अधिकार का प्रयोग केवल उस दशा में कर सकती थी जब अन्य संरक्षक द्वारा विवाह में दी गई हो। किन्तु इस अधिनियम के लागू हो जाने पर अब वह इस अधिकार का प्रयोग कर सकती है चाहे वह विवाह में पिता द्वारा या अन्य किसी संरक्षक द्वारा ही क्यों दी गई हो।

विवाह को विखण्डित करने के विकल्प के प्रयोग में प्रयोग मात्र से विवाह विघटित नहीं हो जाता है। वरन् विवाह विखण्डन न्यायालय में विवाह विच्छेद के लिए वाद दायर करने का केवल एक आधार है। इस विखण्डन को न्यायालय की डिक्री द्वारा पुष्टि नहीं हो जाती तब तक विवाह बना रहता है। और यदि कोई एक पक्षकार मर जाय तो दूसरे पक्षकार को उत्तराधिकार प्राप्त करने का अधिकार होगा।

रहमत उल्लाह बनाम स्टेट ऑफ यू0पी0 का केस माननीय उच्च न्यायालय इलाहाबाद के समक्ष फैसला करते हुए अदालत में तलाक के सम्बन्ध में कहा कि मुस्लिम विधि में निकाह एक इकरारनामा है न कि पवित्र बंधन इसीलिए पति को विवाह विच्छेद करने का अधिकार पत्नी के विरूद्ध तलाक की घोषणा करके की जा सकती है। तथा न्यायालय के बिना हस्तक्षेप से निकाह तोडा जा सकता है। इसके विपरीत पत्नी को भी पति के विरूद्ध विवाह विच्छेद प्राप्त करने का अधिकार मुस्लिम विवाह विच्छेद अधिनियम 1939 के प्राविधानों के अन्तर्गत प्राप्त है। परन्तु उपरोक्त अधिनियम के अन्तर्गत विवाह विखण्डन की की डिक्री न्यायालय द्वारा पारित किया जाना आवश्यक है। बिना डिक्री पारित हुए तथा डिक्री पारित कर देने के पश्चात् अपील दाखिल किये जाने की समय सीमा बीत जाने पर भी यदि काई अपील सक्षम न्यायालय में नहीं प्रस्तुत किया जाता है तभी निर्णय अन्तिम माना जायेगा अन्यथा अपील के निर्णयोपरान्त इस प्रकार से स्पष्ट है कि पति द्वारा दिये गये स्वैच्छिक तलाक एवं न्यायालय द्वारा प्राप्त की गई तलाक की डिक्री पत्नी द्वारा, दोनों में काफी अन्तर है। क्योंकि पति द्वारा पत्नी को मौखिक तलाक दिये जाने के उपरान्त के लिए तलाकशुदा पत्नी परिवार की सदस्य मानी जायेगी। परन्तु जो पत्नी अधिनियम 1939 के प्राविधानों के

अन्तर्गत न्यायालय द्वारा अपने पक्ष में डिक्री प्राप्त करती है वह पति के परिवार से न्यायिक रूप से पृथक मानी जायेगी। तथा पति की भूमि में कोई हक नहीं प्राप्त कर सकेगी।

यहाँ यह वर्णन करना असंगत न होगा कि बाल विवाह निषेध (संशोधन) अधिनियम 1978 जो 1 अक्टूबर 1978 ई0 से लागू हुआ ने पुरूष और स्त्री के विवाह योग्य आयु को बढा दिया है। अब स्त्री के लिए आवश्यक है कि विवाह के समय उसकी आयु कम से कम अठारह वर्ष हो और पुरूष की आयु इक्कीस वर्ष। आयु प्राविधान का उल्लंघन दण्डनीय है। यदि आयु के प्राविधान को ठीक से पालन किया जाय या सख्ती से इसे लागू किया जाए तो ''ख्यारूल बुलूग'' या यौवनागम के विकल्प का प्राविधान निरर्थक तथा अनावश्यक हो जायेगा।

(7)   पति की क्रूरता :–

पत्नी न्यायालय में विवाह–विच्छेद के लिए वाद दायर कर सकती है। यदि पति उसके साथ क्रूरता (निर्दयता) का व्यवहार करता है अर्थात्

(क)   पति उसे अक्सर पीटता है, या उससे ऐसी क्रूरता का व्यवहार करता है। कि उसकी जीवन दुःखमय हो जाता है। भले ही ऐसा व्यवहार शारीरिक दुर्व्यवहार न भी होता है या

(ख)   वह बदनाम स्त्रियों की सोहबत (समागम) करता है, या बदनाम जिन्दगी बिताती है या

(ग)   वह पत्नी को अनैतिक (व्यभिचारमय) जीवन व्यतीत करने को बाध्य करने का प्रयत्न करता है या

(घ)   उसने अपने धार्मिक संस्कारों का पालन करने से रोकता है या उसमें विघ्न डालता है।

(ङ)   यदि उसके एक साथ अधिक पत्नियाँ है तो वह कुरान के आदेशों के अनुसार उसके साथ अन्य पत्नियों के समान व्यवहार प्रदान नहीं करता है।

मुस्लिम विवाह विच्छेद अधिनियम 1939 द्वारा ''क्रूरता'' शब्द के अर्थ विशद कर दिया गया और **मुंशी बुजलुर रहीम बलनाम सम्मुन्निशा बेगम** के बाद में प्रिवी कौंसिल के कथन कि ''क्रूरता इस प्रकार की हो जिससे जीवन को खतरा हो'' का अब कोई औचित्य नहीं है। **इतवारी बनाम अशगरी** के बाद इलाहाबाद उच्च न्यायालय ने यह कहा कि यद्यपि मुस्लिम विधि बहुपत्नी की आज्ञा प्रदान करती है किन्तु उसे उत्साहित नही करती है और कुरान में वर्णित आदेश यह प्रकट करते हैं कि व्यवहार में पति द्वारा सभी पत्नियाँ का समान रूप से रखना और उनके संग समान आचरण करना असंभव है। इस कारण यह निर्णीत किया गया कि प्रथम पत्नी के रहते हुए द्वितीय स्त्री संग विवाह प्रथम पत्नी के साथ क्रूरता है। आज की परिस्थितियों में इस बात का आभार पति पर है कि यदि उसने दूसरी पत्नी ग्रहण की है तो अपने इस कार्य का स्पष्टीकरण दे और सिद्ध करे कि उसके द्वारा एक दूसरी पत्नी को ग्रहण करना प्रथम पत्नी के लिए किसी अपमान अथवा क्रूरता का कारण नहीं था। उदाहरण के लिए वह क्रूरता के आरोप का खंडन यह सिद्ध करने के द्वारा कर सकता है। कि दूसरा विवाह प्रथम पत्नी के सुझाव पर किया गया था या कुछ अन्य संगत परिस्थितियों को प्रकट करे जो कि क्रूरता की बात का खंडन करती हो। किन्तु जब तक वह उचित स्पष्टीकरण नहीं दे देता तब तक वर्तमान परिस्थितियों में न्यायालय यही मानेगा कि पति द्वारा एक पत्नी ग्रहण करने के काम में प्रथम पत्नी के प्रति क्रूरता की गई है और यह कि ऐसी परिस्थिति में न्यायालय के लिए यह बात अस्वाभिक होगी। कि पहली पत्नी को उसकी इच्छाओं के विरूद्ध ऐसे पति के साथ रहने के लिए विवश करें मानसिक क्रूरता पर

दृष्टान्तस्वरूप वाद है **सैयद जियाउद्दीन बनाम परवेज सुल्ताना** इस बाद में परवेज सुल्ताना बी0एस0सी0 पास थी, मेडिकल कॉलिज में दाखिला लेना चाहती थी। इस हेतु उसे आठ हजार रूपये की आवश्यकता थी सैयद जियाउद्दीन और उसके पिता ने उक्त धनराशि इस शर्त पर देना स्वीकार किया कि परवेज सुल्ताना सैयद जियाउद्दीन से विवाह कर ले। परवेज सुल्ताना राजी हो गई और तदानुसार विवाह हो गया। किन्तु सैयद जियाउद्दीन ने मेडिकल कॉलिज में दाखिले के लिए संविदाकृत धनराशि देने से मना कर दिया। मजबूरन परवेज सुल्ताना ने विवाह विच्छेद का वाद दायर किया। इस आधार पर कि निकाह के शर्तों का उल्लंघन किया गया और उसके साथ धोखा (छल) किया गया। उसने पति का घर छोडकर अपने पिता के घर आश्रय लिया। तब पति ने पत्नी के उपर वैवाहिक अधिकारों के पुनर्स्थापन का वाद दायर किया। प्रतिवाद (बचाव) में पत्नी ने न्यायालय के समक्ष ऐसे शब्दों का इस्तेमाल किया जिसके कारण पति ने मानहानि (Defamation) के लिए भारतीय दण्ड संहिता की धारा 499 के अन्तर्गत एक भावरोधक परिा वाद (Criminal Complaint) दायर कर दिया। इन तथ्यों के आधार पर आन्ध्र प्रदेश उच्च न्यायालय ने प्रताडित करने के लिए उसे अपराधिक मामले में फंसा देना पति को क्रूरता मानी जाएगी तथा ऐसी मानसिक क्रूरता के आधार पर पत्नी विवाह विच्छेद की डिक्री प्राप्त कर सकती है।

मानसिक क्रूरता से सम्बन्धित नवीनतम वाद **के0पी0वाई0 सिद्दीक बनाम आमना** का केस केरल उच्च न्यायालय के समक्ष आया। जिसमें पति पत्नी का विवाह मुस्लिम रीति रिवाज के अनुसार हुआ था तथा शादी के पश्चात संभोग द्वारा पत्नी ने गर्भ धारण कर लिया। जिस पर पति ने उसकी (पत्नी) अनिच्छा के बावजूद जानबूझकर गर्भ गिराने की दवा पत्नी को खिलाई। पत्नी ने क्रूरता मानते हुए पति के विरुद्ध मुस्लिम विवाह विच्छेद

अधिनियम 1939 की धारा 2 8 क के आधार पर तलाक हेतु मुकदमा परिवार न्यायालय में प्रस्तुत करते हुए कहा कि उसे गर्भपात कराने के उद्देश्य से पति ने उसकी गर्भस्त शिशु की सुरक्षा में दवा दिया था। परन्तु परिवार न्यायालय एवं अपीलीय न्यायालय ने पत्नी के केस को सही मानते हुए पति की अपील निरस्त करते हुमए विवाह विच्छेद की डिक्री मंजूर की।

आमना खातून बनाम मुहम्मद कासिम अंसारी के वाद में पत्नी आमना खातून द्वारा मुस्लिम विवाह विच्छेद अधिनियम 1939 की धारा 2 (viii) (क) एवं (ध) के अन्तर्गत "क्रुरता" के आधार पर विवाह विच्छेद किये जाने की परिवार न्यायालय धनबाद के समक्ष याचना की। विवाह विच्छेद के लिए संक्षिप्त आधार एवं तथ्य इस प्रकार थें :–

दोनो पक्षों का विवाह मुस्लिम रीति से 1993 में पत्नी के गॉव में सम्पन्न हुआ था। पत्नी के परिवार में अंधें माता पिता एवं विवाहिता बहनें थी निकाह के समय आमना खातून (पत्नी) अध्यापिका थी कि वह विवाहोपरान्त दम्यपति को कोई सन्तान नहीं थी पत्नी क्रूरता का आरोप यह था कि निकाह के पूर्व पति से शर्त थी कि वह विवाहोपरान्त दम्पति माता पिता के गॉव में रहेंगें एवं माता पिता के साथ पति की सेवा करेगीं। परन्तु पति ने शर्त तोड दी इसके अलावा पति ने पत्नी को मजबूर एवं प्रताडित किया। कि उसके माता पिता द्वारा दी गई अचल सम्पत्ति को पति के नाम स्थानान्तरित कर दे, साथ ही जब कभी भी पति पत्नी के घर आता तो जबरदस्ती चल सम्पत्ति को अपने घर ले जाया करता था । इसके साथ विवाह के समय पति शादीशुदा एवं दो पतियों के राथ रहता था उक्त तथ्य छिपाया गया था एवं वर्तमान में उसके ताल्लुक अन्य दुश्चरित्र औरतों के साथ हैं अतः विवाह विच्छेद कर दिया जाये। इसके विपरीत पति ने सारे आरोपों को अस्वीकार करते हुए वहीं आरोप

पत्नी पर लगाये। पक्षो द्वारा मौखिक साक्षियों के अतिरिक्त कोई दस्तावेजी साक्ष्य प्रस्तुत नही किये गयें। परिवार न्यायालय ने क्रूरता का केस नहीं पाते हुए वाद खारिज कर दिया था जिसके विपरीत पुनः पत्नी ने माननीय उच्च न्यायालय के समक्ष अपील प्रस्तुत की। अपीलीय न्यायालय के समक्ष मुख्य विचारणीय प्रश्न था कि— क्या पति विपक्षी ने अपीलार्थी पत्नी के साथ ''क्रूरता'' का व्यवहार किया है एवं उपरोक्त तथ्यों एवं परिस्थितियों में पक्षों के बीच वैवाहिक सम्बन्ध सदैव के लिए समाप्त हो चुके है ?

माननीय न्यायालय ने सभी गवाहों के बयायन पर गम्भीरतापूर्वक विचार करते हुए पाया कि पति पी0 डब्लू0 5 तालिब हुसैन ने अपने बयान में स्वीकार किया था कि सन 1994 में पंचायत में वह शामिल हुआ था। जिसमें पक्षों के झगड़े को समाप्त करने का प्रयास किया था परन्तु अपीलार्थी ने कहा कि वह अपने पति के व्यवहार से अत्यन्त दुखी है तथा उसने निश्चय किया है कि कभी पति के घर नहीं जायेगी। यह कथन स्पष्ट करता है कि पत्नी के साथ पति ने दुर्व्यवहार किया है तथा क्रूर आचरण के कारण है। तथा द्वितीय बिन्दु पर न्यायालय ने अभिमत दिया कि परिस्थितियां जहां ऐसी हो कि विवाह के एक वर्ष के कुछ समय पश्चात विवाह विच्छेद का वाद पत्नी ने दाखिल किया हो, इसका तात्पर्य है कि पक्षों के बीच किसी प्रकार का वैवाहिक जीवन ने पुनर्स्थापन की सम्भावना पूर्णतः समाप्त हो गई है एवं दोनो पक्षों 5—6 वर्षो से लगातार अलगं—अलग रह रहें हो तथा पति द्वारा पत्नी के विरूद्ध अन्यत शारीरिक सम्बन्ध रखने का आरोप लगाया जा रहा हो तो धारा 2 (ix) में वर्णित ''मुस्लिम विधि विवाह—विच्छेद का अन्य मान्य आधार से सम्बन्धित वाद तथा विवाह—विच्छेद की याचिका स्वीकार की जाती है।

उन मुस्लिम स्त्रियों के अधिकारों का संरक्षण करने हेतु जिनका उनके पति द्वारा तलाक दे दिया गया है या जिन्होंने अपने पति से तलाक अभिप्राप्त किया है, और उससे सम्बद्ध या उसके आनुषांगिक विषयों का उपब्न्ध करने के लिए अधिनियम।

धारा 3 के अनुसार'' मेहर या मुस्लिम स्त्री की अन्य सम्पत्ति का तलाक के समय उसको दिया जाना '' 1–तत्समय प्रवत्त किसी अन्य विधि में किसी बात के होते हुए भी, कोई तलाकशुदा स्त्री निम्नलिखित की हकदार होगी, अर्थात–

(क) कोई युक्तियुक्त और ऋजु उपबन्ध और भरण–पोषण जो उसके पूर्व पति द्वारा इद्दत की अवधि मे उसके लिए किया जाता है और उसको संदत्त किया जाता ह;

(ख) जहाँ वह अपने तलाक के पूर्व या पश्चात उससे जन्मी सन्तान का स्वयं भरण–पोषण करती है वहाँ कोई युक्तियुक्त और ऋजु उपबन्ध और भरण–पोषण जो ऐसी संतान के जन्म के सत्र तारीखों से दो वर्ष की अवधि के लिए उसके पूर्व पति द्वारा किया जाना है और संदत्त किया जाना हैं,

(ग) मुस्लिम विधि के अनुसार उसके विवाह के समय या उसके पश्चात उसको संदत्त किए जाने के लिए करार पाई गई मेहर या डावर की राशि के बराबर रकम और

(घ) उसके नातेदारों या मित्रों या पति या पति के नातेदारों द्वारा अथवा या उसके मित्रों द्वारा विवाह के समय अथवा उसके विवाह के पश्चात सम्पत्ति।

(2) जहॉ किसी तलाकशुदा स्त्री के विवाह पर कोई युक्तियुक्त और ऋजु उपबन्ध नहीं किया है और भरण–पोषण अथवा डावर की रकम उसको संदत्त नहीं की गई है अथवा उपधारा (1)के खण्ड (घ) में निर्दिष्ट सम्पत्ति का परिदान नहीं किया गया है वहॉ वह या उसके द्वारा सम्यक रूप से प्राधिकृत कोई व्यक्ति उसकी और से, यथास्थिति, ऐसे उपबन्ध

और भरण–पोषण मेहर या डावर के संदाय अथवा सम्पत्ति के परिदान के आदेश के लिए किसी मजिस्ट्रेट को आवेदन कर सकेगा।

(3) जहॉं किसी तलाकशुदा स्त्री द्वारा उपधारा (2) के अधीन कोई आवेदन किया गया है वहॉं मजिस्ट्रेट, यदि उसका समाधान हो जाता है कि –

(क) उसका पति, अपने पास पर्याप्त समाधान होते हुए इद्दत की अवधि के भीतर उसके और उसकी संतान के लिए युक्तियुक्त और ऋजु उपबन्ध करने और भरण–पोषण का संदाय करने में असफल रहा है या उसने ऐसा करने में उपेक्षा की है, या

(ख) मेहर अथवा डावर की राशि के बराबर रकम का संदाय नहीं किया गया है या उपधोरा (1) के खण्ड (घ) में निर्दिष्ट सम्पत्ति का उसको परिदान नहीं किया गया हैं, आवेदन फाइल करने की तारीख के एक मास के भीतर उसके पूर्व पति को तलाकशुदा स्त्री के लिए, यथास्थिति, युक्तियुक्त और ऋजु उपबन्ध करने तथा भरण–पोषण का संदाय करने, जो वह तलाकशुदा स्त्री की आवश्यकताओं, उसके विवाह के दौरान उसके द्वारा उपभोग किए जाए जीवनस्तर और उसके पूर्व पति के साधनों को दृष्टि में रखते हुए ठीक और उचित अवधारित करें या तलाकशुदा स्त्री को ऐसे मेहर या डावर के संदाय या उपधारा (1) के खण्ड (घ) में निर्दिष्ट सम्पत्ति के परिदान के लिएए निर्देश देते हुए, आदेश कर सकेगाः

परन्तु, यदि मजिस्ट्रेट उक्त अवधि के भीतर आवेदन का निपटारा किया जाना असाध्य समझता है तो वह ऐसे कारणों से, जो उसके द्वारा अभिलिखित किए जायेगें, आवेदन का निपटारा उक्त अवधि के पश्चात कर सकेगा।

(4) यदि कोई व्यक्ति, जिसके विरूद्ध उपधारा (3) के अधीन कोई आदेश किया गया है, उस आदेश का पालन करने में पर्याप्त कारण के बिना असफल रहता है तो मजिस्ट्रेट शोध्य

भरण—पोषण या मेहर या डावर की रकम के उद्ग्रहण के लिए दण्ड प्रक्रिया संहिता, 1973 (1974 का 2) के अधीन जुर्माने के उद्ग्रहण के लिए उपबंधित रीति से, वारण्ट जारी कर सकेगा और वारण्ट के निष्पादन के पश्चात असंदत्त रह गई सम्पूर्ण रकम या उसके किसी भाग के लिए ऐसे व्यक्ति को कारावास से, जिसकी अवधि एक वर्ष की या, यदि पहले ही संदाय कर दिया जाता है तो संदाय तक की हो सकेगी, दण्डादिष्ट कर सकेगा। किन्तु ऐसा दण्डादेश ऐसे व्यक्ति को प्रतिरक्षा में सुने जाने के अधीन होगा और ऐसा दण्डादेश उक्त संहिता के उपबन्धों के अनुसार अधिरोपित किया जाएगा।

सार संक्षेप

1. परिधि।

2. प्रयोज्यता।

3. सामान्य विधि और कानूनी उपचार।

4. विवाह को सिविल संविदा माना जाता है।

5. विधिमान्य विवाह–विच्छेद।

6. तलाक की विधि।

7. विवाह–विच्छेद के शब्द।

8. मेहर प्राप्त करने का अधिकार।

9. पूर्व–विद्यमान अधिकार।

10. भरण–पोषण के लिए आवेदन।

11. भरण–पोषण कार्यवाही।

12. मुस्लिम पति की आबद्धता।

13. मुस्लिम पति का दायित्व।

14. सिविल न्यायालय की अधिकारिता।

15. शिशु का पैत्रित्व।

16. शिशु के लिए भरण–पोषण भत्ता।

17. उपधारणा के आधार पर दिया गया भरण–पोषण –सम्पुष्ट किया गया।

18. भरण–पोषण का दावा करने के लिए अपेक्षा।

19. भरण–पोषण के लिए अभ्यावेदन की संधार्यता।

20. दंड प्रक्रिया संहिता के अधीन विकल्प का अवलम्बन– इस अधिनियम के अधीन विकल्प के प्रयोग के लिए वर्जन नहीं।

21. अभिव्यक्ति ''तलाक पर संदेय धनराशि''–का अथ।

धारा 3 के अनुसार – यदि सामान्य विधि में पूर्व विद्यमान अधिकार को परिनियम द्वारा मान्यता दी जाती है और उसके प्रवर्तन के लिए नये कानूनी उपचार का सिविल न्यायालय की अधिकारिता को अभिव्यक्त रूप से अपवर्जित किये बिना प्रावधान किया गया है तो सामान्य विधि और कानूनी उपचार दोनों सम्बन्द्ध व्यक्ति को उपलब्ध है और ऐसे व्यक्ति को उपलब्ध उपचार का चयन करना है। (अमीर शाह बनाम सलीमाबी, ए.आई.आर 2006)

धारा 5 के अनुसार – युक्तियुक्त हेतुक के अभाव में और दो मध्यस्थों द्वारा पति और पत्नी के बीच सुलह के पूर्व प्रयास के अभाव में, कोई विधिमान्य विवाह–विच्छेद या तलाक नहीं हो सकता।

(मु0 रेबन निशा बनाम मु0 बीबी आयशा, ए.आई.आर. 2011 गौहाटी 36 ।)

धारा 6 के अनुसार – तलाक की सही विधि, जैसा कि पवित्र कुरान द्वारा समादेश दिया है, यह है कि (1) तलाक युक्तियुक्त कारण के लिए होना चाहिए, (2) इसे दो मध्यस्थो द्वारा, एक पत्नी के परिवार से और दूसरा पति के परिवार से, पति और पत्नी के बीच सुलह के माध्यम से होना चाहिए। यदि प्रयास असफल होता है तो तलाक प्रभावी किया जा सकता है।

धारा 7 के अनुसार – विवाह–विच्छेद के शब्दों को विवाह का विघटन करने के आशय को निर्दिष्ट करना चाहिए, जो स्पष्ट रूप से विनिर्दिष्ट करेगा कि ''मै अपनी पत्नी से सदैव के

लिए विवाह–विच्छेद करता हूॅ और उसे मुझसे हराम करता हॅ जो स्पष्ट रूप से विवाह का विघटन करने के आशय को निर्दिष्ट करता है।

धारा 8 के अनुसार – मुस्लिम विवाह–विच्छेद महिला को मेहर प्राप्त करने के उसके अधिकार के अतिरिक्त इददत की अवधि के अन्तर्गत सके पूर्व पति द्वारा उसके पक्ष में युक्तियुक्त और ऋजु व्यवस्था किये जाने का अधिकार है।

धारा 10 के अनुसार – मुस्लिम विवाह विच्छेद स्त्री अपने पूर्व पति के विरूद्ध भरण–पोषण के लिए द.प्र.सं. की धारा 125 के अधीन आवेदन करने के लिए हकदार नही है। अधिनियम के प्रारम्भ के पूर्व भरण–पोषण का अधिकार, जो स्वीय विधि में पाया जाता था, अन्य बातों के साथ–साथ दण्ड प्रक्रियां संहिता की धरा 125 के अधीन प्रवर्तनीय था और विवाह विच्छेद पत्नी को शामिल करके, उसकी पत्नी का भरण–पोषण करने के लिए मुस्लिम पति की आबद्धता, जो पहले विद्यमान थी, की अभिपुष्टि और पुनरावृत्ति कानूनी अधिनियमित द्वारा की गयी है। **(शेख हाफिज शेख हबीब बनाम स्टेट ऑफ महाराष्ट्र ए.आई.आर.2009 (एन.ओ.सी.)1011बॉ.)**

मुस्लिम विवाह विच्छेद महिला दण्ड प्रक्रिया संहिता की धारा 125 के अधीन भरण–पोषण का दावा केवल तब कर सकती हैं, यदि वह और उसका पति करार करते हैं और यदि वह विवाह विच्छेद महिला के संवर्ग के अन्तर्गत नही आती जैसा कि मुस्लिम महिला अधिनियम 1986 के अधीन परिभाषित है। **(एस.के.अब्दुल खदर बनाम मिसेज लूबैना फरजाना ए.आई.आर.2009 (एन.ओ.सी.)1320बॉ. l)**

द.प्र.सं. की धारा 125 के अधीन मुस्लिम विवाह विच्छेद पत्नी द्वारा दाखिल भरण—पोषण याचिका पोषणीय नहीं हैं क्योंकि उपचार 1986 के अधिनियम की धारा 3 के अधीन ऐसी पत्नी को प्रदान किया जाता है।

(हाषिम हुजूरसाब सईद बनाम गोरीबी हाषिम सईद ए.आई.आर.2009(एन.ओ.सी.)1320 बॉ.।)

पत्नी अपने पति से भरण पोषण के लिए हकदार है। वह सिविल विधि के अधीन या दण्ड प्रक्रिया संहिता की धारा 125 के अधीन दावा कर सकती है। दण्ड प्रक्रिया संहिता की धारा 125 के अधीन महिला विगत भरण—पोषण के लिए कभी भी दावा नहीं कर सकती। न्यायालय को भावी भरण—पोषण अर्थात याचिका की तारीख से भरण पोषण के भुगतान का निर्देश देने की अधिकारिता है

(थूम्बथ हैरिस बनाम खदीजा शेरबीन, ए.आई.आर. 2010 केरल)

(मोहम्मद हनीफ अब्दुल्ला कादर बनाम मेहरून्निसा हापूमिया शेख ए.आई.आर. 2010 एन.ओ.सी. 808 गुजरात।)

(सीनाथ बनाम इकबाल, ए.आई.आर. 2010 एन.ओ.सी. 636 केरल)

सार संक्षेप

1. विवाह—विच्छेद मुस्लिम महिला द्वारा भरण—पोषण के लिए दावा।

2. विवाह—विच्छेद मुस्लिम महिला को भरण—पोषण भत्ता।

3. भरण—पोषण से वंचित करने के लिए पूर्ववर्ती शर्त।

4. अनियमित विवाह।

5. भरण–पोषण के लिए याचिका की पोषणीयता।

1. विवाह–विच्छेद मुस्लिम स्त्री जो पुर्नविवाह नहीं की है और जो इद्दत की अवधि के पश्चात स्वंय का भरण–पोषण करने में सक्षम नही है अपने सम्बन्धी के विरूद्ध जो सम्पत्ति में जिसे वे मुस्लिम विधि के अनुसार उसकी मृत्यु पर उत्तराधिकार में प्राप्त करेंगें अनुपात में उसका भरण–पोषण करने के लिए दायी है।

(1) मुस्लिम विधि द्वारा मान्यता प्राप्त कोई अन्य आधार –

उपर्युक्त आधारों के अतिरिक्त किसी अन्य ऐसे आधार पर भी मुस्लिम पत्नी विवाह विच्छेद का वाद दायर कर सकती है जो आधार मुस्लिम विधि में मान्य माने गयें हों

यह अवशिष्ट आधार पर जिसके आधार पर पत्नी विवाह विच्छेद का वाद ला सकती है। अधिनियम में इस अवशिष्ट आधार को शायद इसलिये रखा गया है ताकि पत्नी किसी अन्य आधार के प्रलाभ से वंचित न रह जाये। जो पार्लियामेन्ट के ध्यान से रह गया हों ''अन्य कोई आधार '' में शामिल है– (1) लिया और (2) इस्लाम धर्म का परित्याग।

(2) लियां का व्याभिचायरिता का मिथ्या आरोप –

शुद्ध मुस्लिम विधि में लियां पति के उस आरोप को कहते हैं जिसकी उसने शपथ द्वारा पुष्टि की है और जिससे यह कहा जाता है कि यदि यह असत्य हो तो खुदा का गजब उसके ऊपर गिरे तो पत्नी शपथपूर्वक कहती है यदि आरोप असत्य हो तो खुदा का कहर या क्रोध उसके ऊपर गिरे किन्तु भारत में प्रचलित मुस्लिम विधि में लियां का अथ है पति द्वारा पत्नी पर पुरूषगमन का मिथ्या आरोप। अतएवं जब पति ने पत्नी ऊपर व्यभिचारिता का झूठा आरोप लगाया होतो पत्नी विवाह विच्छेद का वाद न्यायालय में दायर कर सकती है। वह विवाह विच्छेद की डिक्री पाने की हकदार तभी है ज बवह आरोप मिथ्या है। जब

आरोप सत्य सिद्ध हो जाये तो डिक्री प्रदान नहीं की जा सकती और न ही उस दशा में जब पक्षकारों का विवाह फासिद (अनियमित) हो वाद की सुनवाई के समय या उससे पूर्व यदि पति अपने आरोप वापस ले लेता है या आरोप को निरस्त कर देता है। तो पत्नी विवाह विच्छेद की डिक्री पाने की हकदार नहीं होती है।इस सम्बन्ध से निदेशक वाद है।

तुफैल अहमद बनाम जमीला खातून

जमीला खातून का विवाह अपीलार्थी तुफैल अहमद के साथ सन् 1935 ई0 में हुआ था। सन् 1947 तक दोनों साथ साथ रहे। सन् 1947 ई0 में पति पत्नी के मध्य झगड़ा हो गया। सन् 1948 ई0 में जमीला खातून पति और पतिग्रह को छोड़कर अपने भाई के यहा रहने चली गई। नवम्बर 1948 ई0 में पति ने भारतीय दण्ड संहिता की धारा 498 के अन्तर्गत एक कम्पलेन्ट (परिवाद) दायर किया और पत्नी पर अप्रत्यक्ष रूप से व्यभिचारिता का आरोप लगाया किन्तु प्रथम श्रेणी के मंजिस्ट्रेट ने उसे खारिज कर दिया। कम्पलेन्ट के खारिज हो जाने के पश्चात पति ने दाम्पत्य अधिकारों के पुनर्स्थापन हेतु एक सिविल वाद दायर किया। इन वाद में पति ने उस आरोपों को गलत कहा जिनके लिए कि पत्नी का उसने दोषारोपित किया था और उसने मूर्खतापूर्ण ढंग से भारतीय दण्ड सहिंता की धारा 498 की कार्यवाही पत्नी के विरूद्ध संचालित की थी। दाम्पत्तिक अधिकारों के पुनर्स्थापन का यह वाद भी खारिज कर दिया गया। 30 मार्च 1949 को पत्नी ने वर्तमान वाद को दायर किया जिसमें पति के साथ अपने विवाह को विधिटित करने का आग्रह किया गया। यह वाद मुस्लिम विवाह विघटन अधिनियम 1939 के अन्तर्गत दायर किया गया था और इस आधार पर विवाह के विघटन की मांग की गई थी कि पति ने पत्नी के विरूद्ध मिथ्या व्यभिचारिता का

दोषारोपण किया था। अपने लिखित बयान में पत्नी के विरूद्ध लगाये गयें व्यभिचार के आरोप का समर्थन पति नहीं कर सका था और दूसरी और उसने पत्नी के तलाक के अधिकार को भी दाम्पत्तिक अधिकारों के पुनर्स्थापन की माँग के द्वारा छीनने का प्रयास किया।

विचाराधीन प्रश्न यह था कि क्या पति द्वारा अपने आरोपों का वापस किया जाना आधैर दाम्पत्तिक पुनर्स्थापन के लिए सहमत होना इस बात का पर्याप्त आधार था कि वादी उसके विरूद्ध आगे कोई कार्यवाही न कर सके।

निचले न्यायालयों ने विवाह कि विघटन के लिए प्रस्तुत किये गयें वादी के मुकदमें में डिक्री (आज्ञाप्ति) दे दी। अपील किये जाने पर इलाहाबाद उच्च न्यायालय ने निचले न्यायालयो के निर्णयों को रद्द कर दिया और वादी पत्नी के वाद को विवाह के विघटन के प्रसंग में खारिज कर दिया तथा अपील स्वीकार कर ली।

उच्च न्यायालय ने निर्णय दिया कि मुस्लिम विवाह विघटन 1939 में इस बात की कहीं भी व्यवस्था नहीं दी गई कि पत्नी के विरूद्ध व्यभिचारिता का मिथ्या दोषारोपण या जारकर्म का मिथ्या दोषारोपण तलाक के लिए आधार है। यह आधार अधिनियम की धारा 2 के खण्ड (9) के अन्तर्गत आता है यह भी निर्णय दिया गया कि जहां कि पत्नी द्वारा विवाह के विघटन के लिए प्रस्तुत किया गया वाद हेतु पत्नी के विरूद्ध पति द्वारा लगायें गयें मिथ्या जारकर्म पर आधारित है किन्तु दोषारोपण की वापसी वाद के लिए वह सब कुछ कर लिया था जो कि विधि में उपबिन्धत है। वहां पत्नी के वाद को खारिज कर दिया जाना चाहियें।

इसके उपरान्त यह भी निर्णय दिया गया कि मुस्लिम विधि में पत्नी का इस आधर पर विवाह के विघटन की मांग करने का अधिकार कि पति ने उसके विरूद्ध मिथ्या

व्याभिचारिता (अपवित्रता) का आरोप लगाया था, निश्चित सिद्धान्त के अन्तर्गत आता है। जिसे 'लिया' कहते है।

(3) पति द्वारा इस्लाम धर्म स्वीकार करना :–

शुद्ध मुस्लिम विधि के अनुसार एक ऐसा पुरूष जो कि किताबिया जैसे यहूदी या ईसाई है। यि वह इस्लाम धर्म कबूल कर लेता है और उसकी पत्नी द्वारा धर्म परिवर्तन नहीं किया गया है तो ऐसे दम्पत्ति का विवाह तुरन्त विघटित नहीं होगा। परन्तु यदि पति पत्नी किताबिया नहीं है तो यह नियम उन पर लागू नहीं होगा। ऐसी दशा में पति अपनी पत्नी से इस्लाम धर्म ग्रहण करने को कहेगा और यदि वह इस्लाम धर्म कबूल नहीं करती है तो विवाह विच्छेद की डिक्री प्रदान कर दी जायेगी किन्तु भारत में यह नियम लागू नहीं जहाँ कि विधि दृष्टि में समस्त धर्म समान है। विवह विधि के इस क्षेत्र में जहां स्त्री पुरूष दोनो का यह प्रयत्न रहता है कि वे विधि की इस प्रकार से व्याख्या करे कि वह उनके स्वार्थी हितों के मुताबिक हो, के सम्बन्ध **रोबासा खातून बनाम बमन जी ईनानी** के वाद में जस्टिस ब्लैगडेन का अभिकथन महत्वपूर्ण है।

" समस्त ब्रिटिश भारत न तो हिन्दू मुस्लिम, सिक्ख, ईसाई, पारसी, यहूदी विधि और न ही किसी अन्य विधि से प्रशासित होता है। ये लोग उस विधि के अन्तर्गत आते है जो कि ग्रेट ब्रिटेन द्वारा थोपी गई थी जिराके अन्तर्गत हग सबको पूर्णरूप से धार्मिक स्वतन्त्रता प्राप्त है। यह स्वतन्त्रता दूसरे लोगों की स्वतन्त्रता का किसी भी प्रकार से हनन नहीं करती थी। मुझे प्रस्तुत वाद में आज भी जो विधि प्रचलित है। उसके अनुसार निर्णय देना है और

सैद्धान्तिक रूप से मुझे यह प्रतीत होता है कि ऐसा कोई कारण नहीं है। जिसके अन्तर्गत यह निर्णय दिया जा सके कि प्रस्तुत वाद में मुस्लिम विधि गैर मुस्लिमों पर भी लागू होती है।''

स्किनर बनाम स्किनर

के वाद में लार्ड वेटसन ने कहा – '' इस वाद की परिस्थितियों को देखते हुए कई विशेषताओं में एक विशेषता में से एक विशेषता यह है कि ऐसे पति जो भारत में रहते हों, उनकी व्यक्तिगत हैसियत और जिसके बारे में बुद्धा कहा जाता है कि विवाह की हैसियत पूर्णरूप से निवास स्थान पर निर्भर नहीं करती है, इसमें धर्मनिष्ठ सिद्धान् भी सम्मिलित है। विवाह सम्पन्न होने के बाद दोनों पक्षों की इच्छानुसार और ईमानदार से किया गया धर्म त्याग कर दोनों पक्षों की नियत विधि के प्राविधानों को धोखा देने की नहीं थी को वैध समझा जायेगा और ऐसा धर्मत्याग विवाह से उत्पन्न होने वाले अण्धिकारों पर प्रभाव डालेगा। उदाहरण के लिए यदि तलाक के बारे में कोई प्रश्न उत्पन्न होता है। तो वा महत्वपूर्ण एवं रूचिकर होगी।

(4) तिहरा तलाक (Triple Divorce)

परिचय :– तिहरा तलाक एक मान्यता प्राप्त परन्तु अस्वीकृत तलाक का प्रकार है तथा इस्लामी विधिवेत्ताओं ने इसे शरीरत में नवीन प्रवर्तन माना है। इसे न तो पवित्र कुरान का प्रमाण और न पवित्र पैगम्बर की स्वीकृति प्राप्त है। यह प्रथम खलीफा अबू बकर के जीवन काल में व द्वितीय खलीफा उम के समय भी दो वर्ष से अधिक समय तक प्रचलन में नही आया था। बाद में हजरत उमर ने कुछ विशेष स्थिति में इसकी अनुमति दी थीं। जब अरबों से सीरिया, मिस्र व पर्शिया आदि पर विजय प्राप्त की तो उन्होने वहाँ की स्त्रियों को अरब

की स्त्रियोंकी तुलना में अधिक सुन्दर पाया और इसलिए उनसे विवाह करने के लिए आकृष्ट हुये। परन्तु मिश्र और सीरिया की स्त्रियों ने बल दिया कि उनसे विवाह करने के लिए उन्हैं अपनी मौजुदा पत्नियों को तुरन्त एक साथ तीन तलाक कहकर तलाक देना चाहिए यह शर्त अरबों ने शीघ्र मान ली क्योंकि वे जानते थे कि इस्लाम में तलाक को पृथक तुहर की अवधि में केवल दो बार अनुमन्य है तथा एक–साथ इसकी पुनरावृत्ति इस्लाम के विरूद्ध है। शून्य है एवं प्रभावी नहीं होगा। इस तरीके से वे न केवल सुन्दर स्त्रियों से विवाह कर सके बल्कि अपनी मौजूदा पत्नियों को भी रख सके। यह तथा द्वित्म्य खलीफा हजरत उमर को सूचित किया । खलीफा उमर ने असंदिग्ध पति द्वारा धर्म का दुरूपयोग रोकने के लिये यह निर्णय दिया कि एक साथ तलाक, तलाक, तलाक कि पुनरावृत्ति करने से भी विवाह अखण्डनीय भंग हो जायेगा। यद्यपि खलीफा उमर का यह प्रशासनिक उपाय उएक आपातकालीन स्थिति से निपटने के लिए था और स्थाई कानून बनाने का उददेश्य नही था परन्तु दूर्भाग्य से हनफी विधिवेत्ताओं ने बाद में द्वितीय खलीफा की इस मात्र प्रशासनिक आदेश की शक्ति पर तलाक के इस प्रकार को न्याययुक्त घोषित किया और इसे धार्मिक मान्यता भी दी। वर्तमान में जहाॅ तक इस तिहरे तलाक के कानून का भारतवर्ष मे प्रयोग हो रहा हैं। मुस्लिम समाज बहुत असुविधा महसूस कर रहा है।

(5) विधिवेत्ताओं के दृष्टिकोण में :–

इमाम अबु हनीफा का मानना है कि तीन तलाक का अर्थ है तीन बार अलग–अलग तलाक देना और इसके फलस्वरूप अन्तिम तलाक हो जाती है। पति का यह स्पष्टीकरण कि उसमें तीन तलाक पहली तलाक को जोर देने के लिए की थी इससे विवाद विच्छेद की प्रकृति को नही बदला जा सकता और मुगल्लज (अन्तिम) तलाक हो जाती है यही दृष्टिकोण

अधिकतर हनफी विधिवेत्ताओं ने भी अपनाया हैं   कि इस तरह से अन्तिम तालाक हो जाती हैं जो कि विधि की दृष्टि में तो ठीक है परन्तु धर्म की दृष्टि से बुरी है। इसका अर्थ यह हुआ कि न्यायालय द्वारा इस तरह की तलाक को प्रभावी किया जाएगा परन्तु **इब्ने तैमिया** का मत है यदि पति तलाक को तीन बार पृथक रूप से नही कहता बल्कि कहता है ''कि मैने तुझे तीन बार तलाक दी'' **(I Divorce you thrice)** अथवा वह इसी तरह की किसी अभिव्यक्ति का प्रयोग करता तो यह माना जाएगा कि उसने एक बार तलाक दी जो कि अन्तिम तलाक नही मानी जायेगी।

मुस्लिम शरीफ (हदीसों की एक किताब) में इब्ने अब्बास द्वारा हदीस प्रतिवेधित है।

''प्रोफेट मौहम्मद'' हजरत अबुबकर तथा खलीफा हजरत उमर के शुरू के दो वर्षो में तीन बार तलाक को केवल एक तलाक नामा माना जाता था हजरत उमर ने कहा कि लोग जिस मामले में उन्हें सोचने का समय दिया है उसी जल्दी करते है तो क्या इसका मतलब यह है कि हम उसे परिवर्तित कर दे। इस लिए उन्होने तीन बार तलाक को तीन बार अलग—अलग तलाक मानकर परिवर्तित कर दिया।

शाफयी के अनुसार यदि विवाह का उपयोग हो चुका है और पति विवाह—विच्छेद के लिए पत्नी के विरूद्ध तीन तलाक का प्रयोग करता है तब चाहे और शब्द का प्रयोग हुआ हो या नही यदि उसका आश्रय पहले कथन को जोर देना हो तब केवल एक ही तलाक माना जायेगा। यदि पति का आश्रय इस कथन के द्वारा तीन तलाक, देने का है तब वह अन्तिम तलाक माना जायेगा परन्तु यदि विवाह का उपयोग नहीं हुआ हैं तब ऐसी परिस्थिति में केवल एक तलाक माना जायेग।

षिया विधि के अनुसार यहाँ पर एक मत है कि एक समय में दिया गया तीन तलाक केवल एक ही माना जायगा अर्थात शिया समुदाय के लोगों के अनुसार तलाक उल सुन्नत ही मान्य हैं तलाक उल—बिद्दत आश्रय तथा विधि विरूद्ध माना जाता है।

(6) न्यायिक प्रवृत्ति :—

इस सम्बन्ध में जहाँ तक भारतीय न्यायपालिका का सम्बन्ध है वह तो कुछ अपवादों को छोडकर तीन तलाक को अन्तिम तलाक मानती हैं अंग्रेजो तथा स्वतन्त्र भारत में भी न्यायलय एक समय में दी गयी तलाकों को विधि पूर्ण और प्रभावी मानतें हैं।

साराबाई बनाम राबिया बाई :—

उपरोक्त बाद में बम्बई उच्च न्यायालय में तीन तलाकों को अन्तिम तलाक माना है इस वाद में एक व्यक्ति हाजी आदम सिद्दकी दो गवाहों के साथ काजी के पास गये और अपनी पत्नी की अनुपस्थिति में तीन बार तलाक कहा काजी द्वारा तलाक नामा प्रस्तुत किया गया तथा उस पर सभी सम्बन्धित व्यक्तियों के हस्ताक्षर करने के पश्चात इद्दत की अवधि और भरण—पोषण की राशि के साथ उसकी पत्नी के पास भेज दिया गया परन्तु पत्नी ने इसे लेने से इन्कार कर दिया। कुछ दिन पश्चात हाजी आदम की मृत्यु हो गयी त इसकी तलाक शुदा पत्नी ने न्यायालय में हाजी आदम की पत्नी होने के नातें भरण—पोषण निवास के लिए वाद दायर किया परन्तु बम्बई उच्च न्यायलय ने पत्नी के इस तर्क को स्वीकार कर लिया और कहा इसमें पत्नी का अन्तिम तलाक हो चुका है।

राशिद अहमद बनाम मु0 अनीसा खातून के वाद गें प्रिवी कांउरिल ने एक रागय गें दी गयी तीन तलाकों को विधिपूर्ण तथा प्रभावी निर्धारित किया। इस वाद में ग्यासुद्दीन ने अपनी पत्नी अनीसा खातून को उसकी अनुपस्थिति में ''तीन तलाक'' दिया। यह तलाक

कुछ गवाहों की उपस्थिति में दिया गया। चार दिन पश्चपात इस तलाक नामें का निष्पादन इस कथन के साथ हुआ कि उसने अपनी पत्नी को अखण्ड तलाक दे दी है। तत्पश्चात यह दोनों पति–पत्नी के रूप में रहने लगें किन्तु इन्होने हलाला के सिद्धान्त का पालन नही किया। इनके पॉच बच्चे भी पैदा हुए तथा ग्यासुद्दीन ने उन्हैं जायज बच्चों के रूप में समझा प्रिवि कांउसिल ने अपने निर्णय में यह प्रतिपादित किया कि एक समय में दी गयी तीन तलाक अन्तिम तलाक होती है।

(7) क्या तलाक के समय पत्नी की उपस्थिति अति आवष्यक है ?

इसका उत्तर मद्रास उच्च न्यायलय ने **आएषा बीबी बनाम कादिर इब्राहीम के** वाद में दिया। न्यायालय ने यह निर्धारित किया कि तलाक के शब्द पत्नी के लिए बोले गयें है यद्यपि वह उस जगह उपस्थित नही है तो वह अन्तिम तलाक माना जाएगा।

उदाहरण के लिए :–

यदि पति यह कहता है कि मैने तुझे हमेशा के लिए तलाक दी और अपने ऊपर इराम किया इससे यह प्रत्यक्ष रूप से सिद्ध होता है कि इसका आश्रय विवाह–विच्छेद करना है।

फूल चन्द बनाम नमल अली के वाद में कलकत्ता उच्च न्यायालय में निर्धारित किया कि तीन तलाक दियें जाने पर तलाक अन्तिम हो जाता है और पत्नी की अनुपस्थिति का इस पर कोई प्रभाव नहीं पड़ता।

अहमद गिरी बनाम मु0 मेघ के वाद में न्यायालय ने यह निर्धारित किया की भारत में सबसे अधिक विवाह–विच्छेद तलाकुल–बिद्दत से किया जाता है। इस स्थिति में न्यायिक निर्वचन से कोई भी परिवर्तन नहीं लाया जा सकता किन्तु यदि मुस्लिम समुदाय अपने पवित्र

इस्लामी स्थिति मेंएक बार फिर पहुँचना चाहता है तो उसे स्वंय बैठकर यह तय करना होगा कि कैसे परिवर्तन लाया जाय। सैयद अमीर अली ने इस सम्बन्ध में कहा कि या तो मुस्लिम विधिवेन्ता स्वयं या विधायिका के प्रतयक्ष कार्य द्वारा (अधिनियम पारित करके) ही किया जा सकता है।

शमीम आरा बनाम यू0 पी0 सरकार के वाद में उच्चतम न्यायालय ने ''तीन तलाक'' के प्रश्न को इस्लामिक विधि के अन्तर्गत स्पष्ट कर दिया है।

इस वाद में शमीम आरा ाम की एक स्त्री का विवाह 1968 अबराट अहमद नाम के एक व्यक्ति के साथ शरीअत विधि के अन्तर्गत हुआ। विवाह के पश्चात उनके चार पुत्र भी पैदा हुये। 1979 में इस महिला ने अपने तथा अपने दो अवयस्क बच्चों की और से द0 प्र0 सं0 की धारा 125 के अन्तर्गत भरण—पोषण का दावा इस आधार पर दायर किया किया कि उसके पति ने उसका परित्याग कर दिया है और उसके साथ निर्दयता का व्यवहार करता है।परिवार न्यायालय के इलाहाबाद के एक विद्वान जज ने पत्नी के भरण—पोषण के दावे को इस आधार पर रदद कर दिया कि उसके पति ने उसे पहले ही तलाक दे दिया है और इस तरह वह भरण—पोषण पाने की अधिकारी नहीं है। जबकि दूसरी तरफ न्यायालय की धनराशि स्वीकार कर ली।

इस वाद में पत्नी द्वारा लगायें गये सभी आरोपों को पति ने देने से माना कर दिया पति ने यह अभिवचन किया कि उसमें 1987 में चार—पॉच गवाहों में समझ अपनी पत्नी को तीन तलाक देकर विवाह—विच्छेद कर दिय। उसने मुस्लिम महिला अधिनियम, 1986 में संरक्षण मांगा और यह न्यायालय के समक्ष यह निवेदित किया कि उसने एक घर खरीद

कर अपनी पत्नी को उसकी मेहर के बदले में दे दिया है। इसलिए वह भरण—पोषण देने के लिए बाध्य नही है।

उच्च न्यायालय ने पुनपरीक्षण दावे में यह निर्धारित किया कि पति द्वारा पत्नी को तलाक उसकी उपस्थिति में नही दी गयी इसलिए यह तलाक पत्नी को संसूचित नहीं मानी जायेगी। इसलिए पत्नी को संसूचित तक भरण—पोषण पाने का अधिकार है।

लेकिन उच्चतम न्यायालय ने तलाक के सम्बन्ध मे एक बहुत ही महत्वपूर्ण निर्णय दिया। न्यायालय ने यह निर्धारित किया कि तलाक का प्रभावी होने के लिए अभिकथन आवश्यक हैं। इस वाद में यह सिद्ध नही हो पाया कि 1987 में तलाक हुआ था या नहीं। उत्तर—पत्र में तलाक के पूर्व कथन को किसी भी तरह पति द्वारा तलाक का अभिकथन नही माना जा सकता हैं। इस तरह यह विवाह—विच्छेद नही माना तथा पति अपनी पत्नी को भरण—पोषण देने के लिए बाध्य नही है।

उच्चतम न्यायालय ने इस वाद में ये भी समप्रेक्षण किया कि पवित्र ग्रन्थ कुरान में तलाक की विधि यह है कि तलाक किसी समुचित कारण पर दी जानी चाहिए और इससे पहले पति पत्नी द्वारा नियुक्त ो विवाचक नियुक्त हो और वह सुलह के सभी प्रयास कर ले और जब ये प्रयास असफलो जाए तब तलाक प्रभावी होना चाहिए।

इस तरह उच्चतम न्यायालय ने भारतवर्ष में लागू तीन तलाक के फार्मूले अप्रत्यक्ष नकार दिये। यदि उपरोक्त स्थिति में कोई मुस्लिम पति अपनी पत्नी को तीन तलाक दे देता है जिसमें जल्दी—बाजी का कार्य होने के उपरान्त वह अपनी उसी पत्नी को फिर से अपने विवाह में लेना चाहता है तब उसे हलाला की स्थिति से गुजराना पड़ता है इमाम अबु हनीफा को मानने वाले अर्थात हनफी शाखा के व्यक्तियों में यह कार्य बहुलता से पाया जाता

हैं, जिसका दुरूपयोग भारत वर्ष में अधिक किया जाता है जिस प्रकार पवित्र कुरान में ''हलाला'' दिया गया है उसके विपरीत समाज में इसका प्रयोग कियाजाता है जो शरियत व धर्म के आधार पर बहुत बड़ा पाप व समाज की दृष्टि में घृणित कार्य माना जाता है।

(8) हलाला

हलाला का अर्थ एवं प्रक्रिया :–

हलाला वह प्रक्रिया है जिसके अन्तर्गत यदि किसी मुस्लिम पति द्वारा अपनी पत्नी को एक ही समय में तीन बार तलाक दे दी जाती है जैसे कि पति अपनी पत्नी को कहे कि ''मै तुझे तीन तलाक देता हूॅ'' तो ऐसी स्थिति में पत्नी पति के लिए हराम हो जाती है अर्थात अब वे पति–पत्नी के रूप में नही रह सकते हैं यदिवो फिर से एक साथ रहना चाहें, तब केवल एक ही तरीका है कि पत्नी किसी अन्य पुरूष से विवाह करें और उसके साथ सम्भोग के पश्चात जब वह पुरूष स्त्री को तलाक दे या फिर वह पुरूष मर जाये तबही वह स्त्री अपने पूर्व पतिसे पुनः विवाह कर सकती है।

(9) हलाला का धार्मिक आधार एवं इसकी आलोचनायें :–

वर्तमान समय में भारत में मुस्लिम समाज के अन्तर्गत हलाला बहुलता में पाया जा रहा है। इमाम अबु हनीफा को मानने वाले लोग ''हलाला'' को पूर्ण रूप से मानते हैं। जो केवल क्रोध व उत्तेजना में आकर अपनी पत्नी को तलाक तो दे देते हैं परन्तु वे उसी पत्नी को अपने साथ रखने के लिए व ''रूजऊ'' करने के लिए विभिन्न धार्मिक विद्वानों के पास जाकर इस मसले पर फतवे मॉंगते हैं इमाम भी तलाक के शब्दों के उच्चारण व निर्वचन में उलझकर मुस्लिम विधि व कुरान से हटकर फतवे दे देते हैं। अकसर यह भी देखा जा

सकता हैं कि एक ही मामले में कई–कई इमाम व धार्मिक विद्वान अपने मतों से अलग–अलग फतवे दे देते हैं जिन पर पति पत्नी के सबंध में वास्तविकताओं को नही जान पाते तथा धार्मिकं विद्वाों के फतवों पर विश्वास करके तथा उनके मतों से सहमत हो कर आपस में लडतें रहते हैं। यदि धार्मिक आधार पर देखा जाये तो ''हलाला'' नाही तो पवित्र कुरान व ना हदीस में इसके प्रमाण मिलते हैं परन्तु ''इजमा या क्यास'' के आधार पर मुस्लिम विद्वानों ने यह हल निकाला की यदि कोई पति अपनी विवाह–विच्छेद की गई पत्नी से पुनः विवाह करना चाहे तो तलाक–शुदा पत्नी बिना किसी शर्त के किसी अन्य व्यक्ति से विवाह कर ले तथा जब सम्भोग के उपरान्त वर्तमान पति चाहे तो तलाक दे सकता है इसके पश्चात इद्दत काल गुजरने के बाद वह स्त्री अपने पूर्व पति से पुनः विवाह कर सकती है।

परन्तु समान्यता यह देखा जाता है कि तलाक देने के उपरान्त स्त्री का विवाह शर्त रख कर अन्य पुरूष से कर दिया जाता है कि वह सम्भाग के उपरान्त उसे तलाक दे दे और इसके पश्चात उस स्त्री से पूर्व पति पुनः विवाह कर लेता है।

उपरोक्त विषय पर यह कहना उचित ही होगा कि इस शर्त पर निकाह किया जाना और सम्भोग के पश्चात स्त्री को तलाक दे दिया जाना तथा पुनःपूर्व पति से विवाह कर लेना बालि (शून्य) है। मौलाना मुफ्ति किफायतुल्ला देहलवी के एक फतवे में कहा गया कि हलाला के अनुसार स्त्री किसी दूसरे पुरूष से विवाह कर ले और फिर विवाह–विच्छेद या मृत्यु होने के कारण उससे अलग होकर पूर्व पति के लिए हलाल हो जाती है उसी का नाम हलाला है यदि शर्त रखकर उसके विवाह किसी अन्य पुरूष से करा दिया जाए कि विवाह के पश्चात समागम होने पर वह पति उसे तलाक दे दे और उसके पश्चात पूर्व पति उससे विवाह कर ले यह हराम है तथा दोनो पक्ष पाप के भागी होंगे और कई स्थानों पर तो इस

कार्य को ''भाडे का सॉड'' कह कर पुकारा गया है। स्वयं अल्लाह के नवी ने ऐसे व्यक्तियों पर लानत भेजी है।

अध्याय 8

निष्कर्ष एवं सुझाव

तलाक के विषय से पूर्व जाने गयें विषयों के आधार पर इस निष्कर्ष पर पहुँचा जा सकता हैं कि इस्लामिक विधि के विविध स्त्रोतों पर गम्भीरता के साथ विचार किये जाने पर यह स्पष्ट होता है कि मुस्लिम विधि का प्रमुख स्त्रोत 'कुरान' ही है जिसमें पैगम्बर मुहम्मद साहब द्वारा उन बातों को स्पष्ट किया गया है जो उन्हें ज्ञान स्वरूप साक्षात 'अल्लाह' से प्राप्त होता था। फिर भी सुन्नत अथवा हदिस का भी महत्वपूर्ण स्थान है। क्योंकि सकी सहायता से मुस्लिम विधि का निर्माण हुआ है जिसके द्वारा मुस्लिम वैयक्तिक विधि से सम्बन्धित बहुत से नियम निर्मित हुए हैं।

यद्यपि शिया विचारधारा एवं सुन्नी विचारधारा में पर्याप्त अन्तर हैं किन्तु ये अन्तर धर्म राजनीति से प्रेरित है। इस सन्दर्भ में विदेशी प्रभावों की भी भूमिका है क्योंकि सुन्नी विधि पर विदेशी प्रभाव पूर्णतः परिलक्षित होते है मुस्लिम देशों में प्रायः सुन्नी लोग सत्ता में रहें है अतः वे स्वाभाविक रूप से पाश्चात्य देशों के प्रभाव में भी रहे अतः इससे उनकी सामाजिक एवं विधिक चिन्तन भी प्रभावित हुई। यही कारण है कि वे शियाओं की अपेक्षा वे अधिक कठोर है।

समय–समय पर मुस्लिम विधि कों संशोधित एवं परिवर्तित किया जाता रहा, फिर भी यह शरीयत पर आधारित है और अब वर्तमान समय में यह भारत में ''मोहम्मडन लॉ'' के रूप में स्थान प्राप्त कर चुकी है।

विवाह–विच्छेद के बारे में तथा उससे सम्बन्धित सभी विषयों को विस्तृत रूप से चर्चा करने के पश्चात् हमने यह पाया कि मुस्लिम पति एवं पत्नी को उनकी आवश्यकताओं एवं परिस्थितियों के अनुसार बहुत से अनुतोष प्रदान किये गयेंहं। विवाह का विघटन या तो पति की आवश्यकता पर होता है या फिर पत्नी की आवश्यकता पर। पति अपना एकपक्षीय तलाक देने के लिए स्वतंत्र है वह न्यायालय के हस्तक्षेप के बिना तलाक–उल–सुन्नत या तलाक–उल–बिददत के रूप में तलाक दे सकता है। पत्नी उस स्थिति में तलाक की घोषणा कर सकती है यदि ऐसी शक्ति उसे पति द्वारा प्रत्यायोजित की गयी हो पत्नी पति से मुस्लिम विवाह–विच्छेद अधिनियम,, 1939 के उपबन्धों के अनुसार तलाक प्राप्त कर सकती है तथा वर्तमान समय में तो शिया पर्सनल लॉ बोर्ड व सुन्नी पर्सनल लॉ बोर्ड में भी स्त्रीयों के अधिकार व हितों को ध्यान में रखते हुए 'मॉडल निकाह नामा'' तैयार किया जिसमें निकाह के समय स्त्रीयों के अधिकार एवं हितों के नियमों का उल्लेख किया गया है जिनके आधार पर यदि पत्नी को अपने पति से कर्तव्य व हितों के आधार पर कोई समस्या उत्पन्न हो तो, वह न्यायालय व न्यायालय से बाहर भी अनुतोष प्राप्त कर सकती है यद्यपि ''मॉडल निकाह'' नामें में कुरान हदीस व विधि के अलावा नियम नहीं है इसलिये विवाह के पश्चात मुस्लिम स्त्रीयों के लिए अनेक समस्याएं उत्पन्न हो जाती है जिराके लिए निकाह नामा में दी गई शर्तों की जानकारी विवाह के समय दोनों पक्षों को दिया जाना उचित है।

वर्तमान युग में पिछले पांच दशक से भारत वर्ष में मुसलमानों की दशा—आर्थिक, राजनैतिक, सामाजिक व धार्मिक आधारों पर सोचनीय रही है जिसके लिये मुस्लिम समाज के धार्मिक विद्वान व स्वंय मुस्लिम सम्प्रदाय जिम्मेदार है।

मुस्लिम विधि के अन्तर्गत पुरूष को एक ओर 'हाकिम' बनाकर भेजा है तो दूसरी ओर स्त्री के अधिकारों को भी सुरक्षित किया है। किन्तु पुरूष केवल कुरान व हदीस में दिये गयें अधिकारों को उनकी सीमा रेखा से अधिक प्रयोग कर डालते हैं और स्त्री के अधिकार व हितों को अनदेखा कर देते है। कुछ धर्म के आधार पर तथा कुछ समाज के आधार पर, इस प्रकार स्त्रीयों का शोषण, युगों से हो रहा है परन्तु यदि देखा जाये तो मुस्लिम विधि के अन्तर्गत स्त्रीयों को भी अधिकार प्रदान किय है। पति एवं पत्नी स्वयं की रजामन्दी द्वारा भी विवाह का विघटन करसकते है यह 'खुला' या 'मुबारत' के रूप में जाना जाता है विवाह के विघटन के पश्चात् पक्षकारों की प्रास्थिति पति एवं पत्नी जैसे नहीं रह जाती, मेहर देय हो जाता है दोनों के मध्य उत्तराधिकार का पारस्परिक अधिकार समाप्त हो जाता है एवं पक्षकारों के मध्य लैंगिक समागम अवैध हो जाता है। क्योंकि पवित्र कुरान में बार—बार कहॉ गया है के स्त्रीयों के साथ उचित व्यवहार करों इसलिए एक स्थान पर कहा गया ''यदि किसी पत्नी के अपने पति की ओर से ज्यादती या घृणा का भय हो तो दोनों पर कुछ पाप नहीं कि पारस्परिक बातचीत से मेल कर ले क्योंकि अलगाव की तुलना में समझौता श्रेष्ठकर है और कमजोरी तो सभी पुरूषों की तबीयत में (थोडी—बहुत) होती है और यदि (तुम दोनों परस्पर) भलाई करों और कठोरता से बचे रहों तो अल्लाह तुम्हारे कार्यों से परिचित है।

तुम बहुतेरा चाहो तब भी सभी पत्नियों से एक—सा बर्ताव नही कर सकते तों भी बिल्कुल (एक ही तरफ) झुक न पंडे कि दूसरों को छोड बैठे और वह कहीं न रहे, और यदि

मेल कर ले और पत्नी के संग ज्यादती न करें तो अल्लाह क्षमावान और दयालु है और यदि दोनों (पति-पत्नी) अलग हो जाये तो अल्लाह अपने कोष से दोनों को पूरा कर देगा और अल्लाह सर्वशक्तिमान और बुद्धिमान है।

उपरोक्त के आधार पर यह सिद्ध होता है कि मुस्लिम विधि के अन्तर्गत स्त्रीयों को भी अधिकार व अनुतोष प्रदान किये गये। तब केवल यह कहना ही उचित नही होगा के स्त्रीयों की अपेक्षा पुरूषों को ही सर्वश्रेष्ठ अधिकार प्राप्त है और पुरुष को ही तलाक देने के असिमित अधिकार है। इसी प्रकार एक मुस्लिम विवाह का विघटन उस स्थिति में भी हो सकता है जब पक्षकार ने व्यस्कता की अवधि अथवा विवाह विखण्डन करने सम्बन्धी आयु समाप्त कर ली है तो विवाह के विघटन के सम्बन्ध में घोषणात्मक वाद भी संस्थित आयु प्राप्त कर ली है तो विवाह के विघटन के सम्बन्ध में घोषणात्मक वाद भी संस्थित किये जा सकते है। विवाह की सातुल्य के सम्बन्ध में कोई करार तभी प्रवर्तनीय माना जायेगा जबकि यह लोकनीति के विरूद्ध अथवा अवैध न हो।

किन्तु विवाह का एक पक्षकार दूसरे पक्षकार सान्निधय बिना किसी विधिपूर्ण औचित्य के परिव्यक्त करता है तो पीड़ित पक्षकार दाम्पत्य अधिकारों की पुन: स्थापना सम्बन्धी वाद संस्थित कर सकता है।

तलाक के सिद्धान्तों में किए गए सुधार एवं सुझाव :–

तलाक के विषय मे नबवत काल के पश्चात खिलाफत तथा इमामत काल में कई–कई कम सामने आने लगे जिसमें प्रशासनिक कारण के तौर पर हज़रत उमर ने तीन तलाक को तीन माना जाए (दो वर्ष तक माना गया) तथा इसके पश्चात फिर एक माने जाने

लगा, के आधार पर अलग—अलग सम्प्रदाय के लोगों ने मानना प्रारम्भ कर दिया तथा इनके मध्य मतभेद होते रहे। जमात अहले हदीस के अनुसार तीन तलाक को एक माना जाए क्योंकि इसके परिणाम कुरान हदीस में मिलतें है तथा हजरत उमर द्वारा प्रशासनिक सुधार के लिए किए गये अल्पकालीन तीन तलाक के नियम तीन माना जाए तो समाप्त कर दिया जाए। इस पर मौलाना असद मदनी प्रबन्धक दारूलउलूम देवबन्द की ओर से छः पृष्ठ वाले एक फतवे में अहलेहदीसों को इस्लाम व मुसलमान का नादान दोस्त करानर दे दिया इसी प्रकार मुस्लिम सम्प्रदाय आपस में एक दूसरे की आलोचनाएं करते रहे है। भारतीय संविधान को लागू होने के पश्चात तथा स्वतन्त्रता से पूर्व ही मुस्लिम विधि में सुधार के प्रयत्न किए जाते रहें है।

एक उपस्थिति में तीन तलाक की समस्या पर 4 से 6 नवम्बर 1973 को मुफ्ती अतीकुर रहमान उसमानी के संचालन में एक सेमीनार का आयोजन किया जिसमें मौलाद सय्यर अहमद , प्रधानाचार्य मदरसा आलिया कलकत्ता व शोबा दीनीयात मुस्लिम विश्वविद्यालय अलीगढ़ व डायरेक्टर शेख अलहिन्द एकेडमी देवबन्द, मौलाना सय्यर हामिद सैकेटेरी जमात इस्लामे हिन्द तथा बहुत से अन्य बुद्धि जीवि व शिक्षित लोगों ने इसमें भाग लिया तथा उन्होंने एक मत होकर समाज की एकता व इस्लामी कानून को कुरान व हदीस के आधार पर एक मानते हुए एक समय में दी गयी तीन तलाकों को केवल एक माना जाए पर सहमति जताई।

समय समय पर भारतीय संविधान ने भी तलाक के विषय पर चर्चा होती रही तथा तलाक—उल—सुन्नत को अपनाने के अपील की गयी जिसके अन्तर्गत पारिवारिक न्यायालयों ने अनेक वादों में पति—पत्नी के मध्य पैदा हुई समस्याओं को समाप्त करने का प्रयास किया

और उन्हें तला—उल—सुन्नत के आधार पर आपसी सहमति का अवसर प्रदान भी किया। परन्तु मुस्लिम समाज के अशिक्षित होने के कारण न्यायालय तथा बुद्धि जीवियों के प्रयास पूर्ण रूप से सफल नहीं हो पाये। इसके लिए मुस्लिम समाज व धर्म के ठेकेदार जिम्मेदार है इसी विषय पर समय—समय पर मुस्लिम प्रसर्नल लॉ बोर्ड ने भी स्त्रीयों के अधिकार तथा तलाक के विषय पर सुधार के प्रयास किये जिसमें आलॅ इण्डिया शिया प्रसर्नल लॉ बोर्ड में शिया धर्म गुरू **आयातुल्ला सय्यर अली** द्वारा मॉडल निकाह नामा 26 नवम्बर को वार्षिक अधिवेशन में पेश किया । जिसमे भरण—पोषण से लेकर अधिकार तक के मसोदे को इसके अन्तर्गत नियमित किया गया। इसी प्रकार सुन्नी प्रसर्नल लॉ बोर्ड ने भी तलाक के विषय पर व स्त्रीयों की दशा के सुधार के लिए भी प्रयास किये गयें।

संक्षेपाक्षर (Abbreviations)

AIR (ए०आई०आर०)	-	ऑल इंडिया रिपोर्टर
Arb.LR (आर्बि०एल०आर०)	-	आर्बिट्रेशन लॉ रिपोर्ट्स
Arb.LT (आर्बि०एल०टी०)	-	आर्बिट्रेशन लॉ टाइम्स
AWLJ (ए०डब्लू०एल०जे०)	-	आर्बिट्रेशन वर्कस लॉ जनरल
DLT (डी०एल०टी०)	-	दिल्ली लॉ टाइम्स
ILR (आई०एल०आर०)	-	इंडियन लॉ रिपोर्ट्स
IA (आई०ए०)	-	इंडियन अपीलस
MLJ (एमएलजे)	-	मद्रास लॉ जनरल
NOC (एन०ओ०सी०)	-	नोटस ऑन केसस
RAJ (आर०ए०जे०)	-	रिसेन्ट आर्बिट्रेशन जजमेन्ट
SC (एस०सी०)	-	सुप्रीम कोर्ट
SCC (एस०सी०सी०)	-	सुप्रीम कोर्ट केसस
SCJ (एस०सी०जे०)	-	सुप्रीम कोर्ट जजमेंट
UNCTTRAL (अनसिट्रल)	-	यूनाइटेड नेशन्स कमीशन ऑन इन्टरनेशनल ट्रेड लॉ
WLR (डब्लू०एल०आर०)	-	विक्कली लॉ रिपोर्ट्स

वादो की सूची

1. अब्राहम बनाम अब्राहम, एम० आई० ए० 1863

2. नरौताम बनाम पाराकल, एम० आई०ए० 1863

3. अब्दुल रजाक बनाम आगा मौहम्मद, ए० आई० आर० 1923

5. अजिमा बीबी बनाम शामलानन्द, 1921

6. अब्दुल कादिर बनाम सलिनन (1846) इलाहाबाद 149

7. रामीम आरा बनान यू० पी० सरकार जे० टी० (2002) 7 एस० सी० 320

8. सवरूनिता बनाम सब्दू ए० आई आर० 1934 1010 603

9. अनीसा बेगम बनाम मी० इरतष्ठा, (1995) 55 इला० 743

10. शाहजादा खानम बनाम फस जहाँ ए० आई० आर० (1953) हैदराबाद 6

11. रशीद अहमद बनाम अनीसा खातून (1932) 59 आई ए 21

12. वाजिद अली बनाम जफर हुसैन (1932) से लखनउ, 4030

13. फरजन्द हुसैन बनाम खनू बीबी (1878) 4 कलकत्ता 588

14. फूलचन्द्र बनाम नाजिद अली, 36 कलकारता 184

15. आबिद अली बनाम गुलिस्ता बेगम (1998) (1) राज 104

16. शमीम आरा का स्टेट ओफ उ० प्र० 2002 3551

17. गुलाम हसन बनाम जोहरा बी 1996 म्० प्र० लॉ० ज० 94

18. दिलंगाद मसूद बनाम गुलाम मुस्तफा ए० आई० आर (1986) जम्मू और कशमीर 80

19. अहमद कासिन स्रान नूरजहीं ए० आई० आर० 1935

20. रसूल वक्त बनाम मु० भेलन (1982) 13 लाहौद 780

21. सारा बाई बनाम रवियाबाई आई० एल० आर० 30 बाम्बे 537

22. फुलचन्द बनाम नाजिब (1909) 36 कलकत्ता 184

23. अब्दुल बनाम अजीजा (1844) एम० एल० 17

24. आयगा बीबी बनाम कादिर ईबाहीम, आई० एल० आर० 33 मद्रास 22

25. अहमद कासिम मुल्ला बनाम खातून वीसी आई० एल० आर० 59 कलकत्ता

26. सकया बनान अब्दुल खालिक सी० एल० आर० (1981) 374

27. जीनत फातिमा रशीद बनाम मी० इकबाल अनवर 1993 गौहाटी 49

28. शेख फजलुर बनान आया आ० इ० रि० 1929 पत्रा 81

29. खदिजा बनाम मुहम्मद (1979) के० एल० टी० 878

30. ५० एन० भीहम्मद इब्राहीम बनाम माया (1980) रंगून 838

31. मंगीला बीबी बनाम नूर हुसैन (2002) एस० सी० 20 सी० पी०

32. ए० युसूफ बनाम सेरग्मा आई० इ० रि० 1971 केरल 281

33. फजल मी० बनाम उम्मातुर रहीम ए० आई० आर० 1949 पेवार 7

34. नूर बीबी बनाम पीर बख ए० आई० आर० 1950 सिन्ध में

35. सतगुंज बनाम रहमत ए० आइ० आर० 1946 सिन्ध 48

36. इतवारी बनाम असगरी आ० ई० री० इलाहबाद 684

37. सय्यद जियाउददीन बनाम परवेज सुल्ताना 1979 (11) आन्ध्र प्रदेश

38. के0 पीठ बाईत सिद्दीक बनाम आमना 1997 (11) डी० एम० सी० 260 केरल

39. तुफैल अहमद बनाम जमीला खातून आ० ई० री० 1940 कलकत्ता

40. आमना खातून बनाम मो कासिम अन्सारी आ० ई० री० झारखण्ड 29 (2001)

41. जफर हुसैन बनाम उम्मत उर-रहमान (1919) 41 इलाहाबाद 278

42. शहर यार खीं बनाम जवाहर देवी 1964 आन्ध्र वीवली रिपोर्ट्स 60

43. रोबासा खातून बनाम बमन जी ईरानी 1946, (48) बोम्बे जी रिपोर्ट्स

44. स्किनर बनाम स्किनर 1897 25 इण्डियन अपील्स 34

45. जान जीवन बनाम अविना"। चन्द्र ए॰ आई॰ आर॰ कलकत्ता (1939), 417

46. फूल चन्द गिरी बनाम नमल अली 1990 (36) कलकत्ता 184

सन्दर्भ ग्रन्थ सूची

पुस्तके एवं लेखक

पुस्तके	लेखक
मुस्लिम विधि	मुल्ला, डी0 एफ0
मुस्लिम वुमैन एण्ड देयर राइटस	भटनागर
मुस्लिम विधि	नकवी, सै0 खुर्शीद अकबर
मुस्लिम विधि	अकील अहमद
मोहम्मडन लॉ द्वितीय	अमीर अली
तीन तलाक	मौलाना अशरफ अली थानवी
मोहम्मडन ज्युरिसपडेन्स	अब्दुल रहीम
मुस्लिम विधि (चतुर्थ संस्करण)	तय्यब जी
मौहम्मडन लॉ	फैजी

समाचार पत्र एवं पत्रिकाये

अमर उजाला

दैनिक जागरण

हिन्दुस्तान